AF371321

Edición: Primera. Abril de 2018
Tirada: 100 ejemplares
ISBN: 978-84-17133-24-5
IBIC: HRCG (Estudios bíblicos y exégesis)

Traducción y selección: Clara Cortazar
Ilustración de tapa e interiores: Jacques Goettmann
Diseño y composición: Gerardo Miño
Fotografía: Clara Cortazar
Corrección: Adriana Pellegrini

Lugar de edición: Imprenta Dorrego.
Av. Dorrego 1102, Ciudad Autónoma de Buenos Aires, Argentina

Jacques Goettmann

CELEBRACIÓN
de los
SIETE DÍAS

Comentario del
primer capítulo del Génesis

MIÑO y DÁVILA
• EDITORES •

Página web: www.minoydavila.com

Mail producción: produccion@minoydavila.com

Mail administración: info@minoydavila.com

Dirección postal: Miño y Dávila s.r.l.
Tacuarí 540. Tel. (+54 11) 4331-1565
(C1071AAL), Buenos Aires.

ÍNDICE

DÍA SEGUNDO:
El firmamento entre las aguas

DÍA TERCERO:
La tierra, salida de las aguas, hace aparecer la vida

DÍA CUARTO:
Las luminarias en los cielos

DÍA QUINTO:
La subida de las almas vivas

DÍA SEXTO:
Los animales y el hombre

DÍA SÉPTIMO

PRESENTACIÓN

En el mes de mayo de 2004, en el segundo aniversario del nacimiento al cielo del Padre Jacques Goettmann, se realizó en los locales de la Parroquia Ortodoxa San Martín de Tours, de Buenos Aires, una exposición de los afiches que él hacía para ilustrar sus cursos bíblicos y sus retiros. La abundancia del material obligó a una selección, y treinta y cinco grandes láminas sobre papel artesanal, hermoso pero frágil y en muchos casos ya muy deteriorado, cubrieron los muros de nuestro salón parroquial. Así fueron surgiendo ante nuestros ojos los temas que presidieron la meditación del Padre Jacques a lo largo de casi toda su vida.

La base de su pensamiento, sobre la cual organizó una verdadera teología de la Creación, fueron los primeros capítulos del Génesis. Su comentario minucioso, de gran rigor exegético y arraigado en la tradición patrística, se amplificaba en sus charlas con una profusión de imágenes, elegidas entre las grandes obras del arte sagrado o surgidas de su propia sensibilidad plástica, expresada libremente sin la menor pretensión artística. Junto a este mundo pictórico, donde colores y formas nos sumergían en una verdadera celebración sensorial, Jacques desplegaba un mundo poético

donde la voz de sus autores preferidos se sumaba a la suya propia
en la contemplación de la palabra bíblica. Ésta develaba entonces
su densidad seminal, su potencia transformadora, la multiplici-
dad semántica que cada uno de sus detalles lingüísticos, como un
prisma de cristal, proyectaba ante nuestro asombro maravillado.
La riqueza de la experiencia vivida en esos momentos fue decisiva
para muchos de nosotros.

Hoy sólo podemos ofrecer la traducción castellana de un texto
inédito, despojado de colores, sonidos y sinestesias, esperando
que, a pesar de su seca y escueta realidad, la letra no apague el
Espíritu y que el texto bíblico pueda poblarse de resonancias que
abren profundidades y perforan los límites de una comprensión
razonante. Emergerán los grandes símbolos (la luz, el agua, el árbol, los astros, la tierra, los peces, los animales), reavivando nuestra memoria ancestral, para que cada palabra vibre en todas las
dimensiones de su realidad. El pensamiento lineal y discursivo
se quebrará en recodos inesperados, nutrido por la riqueza del
imaginario y la densidad de la evidencia. El ritmo de la prosa bíblica o del verso nos introducirá en un movimiento elástico y vital,
acorde con nuestro propio aliento y el tranquilo latir de nuestro
cuerpo. Y podremos contemplar entonces la obra del Creador con
una intensidad, una alegría y una plenitud, si no desconocidas, al
menos acrecentadas. Y sentir, junto con el Padre Jacques, el entu-
siasmo ante tanta hermosura, tanta generosidad, tanto esplendor,
tanta riqueza, tanto amor de un Dios-Trinidad que crea para co-
municarse y sellar alianzas con sus criaturas.

En el 40° aniversario de la fundación de la Iglesia Ortodoxa de
Argentina y el 16° aniversario de la muerte del Padre Jacques, de
su *nacimiento al cielo,* comprobamos maravillados que su memoria
vive y actúa, y esperamos que todos puedan participar con él en
esta fiesta a la que él nos inició, entrando en la ronda gozosa de la
gratitud, la gratuidad, la universal eucaristía de acción de gracias.

Buenos Aires, mayo de 2018

GÉNESIS

1

1   *Por un principio, Dios crea los cielos y la tierra.*

2   *La tierra era caos y vacío, una tiniebla sobre la faz del abismo,*
y un soplo de Dios aleteaba sobre la faz de las aguas.

3   *Dios dice:*   *"¡La luz será!" Y fue la luz.*

4   *Dios ve*   *la luz. ¡Qué buena es!*
Dios divide   *entre la luz y la tiniebla.*

5   *Dios clama*   *a la luz: "¡Día"*
Y a la tiniebla clamó: "¡Noche!"
Y atardece y amanece: Día Uno.

6   *Dios dice:*   *"Habrá una bóveda en medio de las aguas*
y dividirá entre las aguas y las aguas."

7   *Dios hace*   *la bóveda y divide las aguas bajo la bóveda*
de las aguas sobre la bóveda.
        Y así es.

8   *Dios clama*   *a la bóveda: "¡Cielos!"*
Y atardece y amanece: Día Segundo.

9   *Dios dice:*   *"Las aguas debajo de los cielos se*
acumularán en un lugar único y se
verá lo seco".
        Y así es.

10   *Dios clama*   *a lo seco: "¡Tierra!"*
y al cúmulo de las aguas clamó: "¡Mares!".
Dios ve: *¡Qué bueno es!*

11   *Dios dice:*   *"La tierra verdeará de verdor,*
de planta que siembra su semilla,
de árbol frutal que fructifica según su especie
y lleva semilla en sí mismo sobre la tierra".
        Y así es.

12   *La tierra hace salir verdor,*
planta que siembra su
semilla según su especie,

*árbol que lleva fruto con
semilla en él según su especie.*

Dios ve: *¡Qué bueno es!*

13   **Y atardece y amanece: Día Tercero.**

14   *Dios dice:*   *"Habrá lumbreras en la
bóveda de los cielos,
para dividir entre el día y la noche,
para los signos y para los tiempos
y para los días y los años.*

15   *Así serán las lumbreras en la
bóveda de los cielos,
para alumbrar la tierra".*

Y así es.

16   *Dios hace*   *las dos grandes lumbreras,
la lumbrera grande
para dirigir el día,
la lumbrera pequeña
para dirigir la noche,
y las estrellas.*

17   *Dios las da*   *en la bóveda de los cielos,
para alumbrar la tierra,*

18   *para dirigir el día y la noche,
para dividir entre la luz y la tiniebla.*

Dios ve: *¡Qué bueno es!*

19   **Y atardece y amanece: Día Cuarto.**

20   *Dios dice:*   *"Las aguas bullirán de un
bullicio de almas vivientes
y las aves volarán sobre la tierra
a la faz de la bóveda de los cielos".*

21   *Dios crea*   *los grandes dragones y toda alma
viviente y serpeante
que bulle en las aguas según sus especies
y toda ave alada según su especie.*

Dios ve: *¡Qué bueno es!*

22   *Dios los bendice
diciendo:*   *¡Fructificad! ¡Multiplicad!
¡Llenad las aguas de los mares!*

		¡*Y las aves multiplicarán sobre la tierra!*
23		***Y atardece y amanece: Día Quinto.***
24	*Dios dice:*	*La tierra hará salir almas vivientes según su especie, ganado, reptiles, animales de la tierra según su especie.*

Y así es.

25	*Dios hace*	*el animal de la tierra según su especie, el ganado según su especie, todo reptil del humus según su especie.*
	Dios ve:	*¡qué bueno es!*
26	*Dios dice:*	*Haremos un humano a nuestra imagen para nuestra semejanza, y dominarán el pez del mar, el ave de los cielos, el ganado, toda la tierra, todo reptil que repta sobre la tierra.*
27	*Dios crea*	*el hombre a su imagen, a la imagen de Dios lo crea, macho y hembra los crea.*
28	*Dios los bendice y*	
	Dios les dice:	*¡Fructificad! ¡Multiplicad! ¡Llenad la tierra!¡Sometedla! ¡Dominad el pez del mar, el ave de los cielos, todo viviente que repta sobre la tierra!*
29	*Dios dice:*	*He aquí: os doy toda planta que siembra su semilla sobre toda la faz de la tierra, Y todo árbol que lleva su fruto y siembra su semilla es para vosotros, para comer.*
30		*Y a todo animal de la tierra y a toda ave de los cielos y a todo reptil sobre la tierra que tiene alma viviente les doy toda planta verdeante para comer.*

Y así es.

31 *Dios ve*   *todo lo que hace, y he aquí:*
                        ¡es muy bueno!
                        Y atardece y amanece: el Día Sexto.

2

1 32   *Se cumplen los cielos y la tierra y todo su ejército.*
2 33   *Dios cumple en el **Día Séptimo** la obra que hace,*
         cesa en el Día Séptimo la obra que hace.
3 34   *Dios bendice el Día séptimo y lo consagra,*
         porque en él cesa toda su obra:
         [la] que Dios crea para hacer.

4 35ª   *Éstas son las Generaciones*
         de los cielos y de la tierra en su creación.

El contexto bíblico

En sus dos partes, judía y cristiana, la Biblia es una colección de sesenta y seis libros. A través de diversas tradiciones orales y numerosos géneros literarios, estos libros revelan las *relaciones* de Dios con el hombre. Es la biblioteca de las *Alianzas*, sucesivas pero perpetuas, que el Señor nos propone. No son libros de ciencias humanas ni de teología, sino que, en contacto con esas ciencias, nos ofrecen una antropología teológica, es decir, una visión y una historia de las propuestas divinas y de las respuestas humanas. El proverbio: *El hombre propone y Dios dispone* no refleja la realidad. La Biblia manifiesta las sucesivas propuestas que Dios hace al hombre y cuenta cómo el hombre responde de manera positiva o negativa a esas propuestas, y cómo dispone de ellas.

El libro que inaugura la Biblia es el Génesis. Por su título y su contenido, enseña tres propuestas de Dios, primordiales y perpetuas, y por lo tanto, siempre presentes.

El título hebreo, *Bereshit,* es la primera palabra del libro y la que inicia toda la Biblia: *Principio, Encabezamiento.* Habla del *comienzo* de la aventura humana: creación del mundo y nacimiento del pueblo de Dios. El título indicado por nuestras traducciones, ya en el siglo II a. C. por la *Septuaginta* (Setenta) griega, es *Génesis*: a través de diez *genealogías,* muestra que este libro habla de *generaciones de los cielos y de la tierra* (2, 4) y de hombres que *engendran* al pueblo de Dios.

Las tres propuestas primordiales son la Creación concebida como *Paraíso*; el *Diluvio* que revela el perdón del Señor en la primera Alianza cósmica, universal y perpetua; y el *Éxodo* propuesto a Abraham para engendrar el pueblo de Dios según una Alianza histórica, particular y perpetua. Adán y Eva y sus tres hijos, Caín, Abel y Set; Noé y sus tres hijos, Sem, Cam y Jafet; Abraham y Sara con sus descendientes, Isaac, Jacob y las doce tribus engendradas por Jacob-Israel. Ésos son los personajes universales, las grandes figuras que forman una historia más arquetípica que cronológica. A partir de tradiciones prehistóricas e históricas, el Génesis elabora una *Historia Santa* en el sentido de historia sacerdotal y profética; su propósito es revelar la consagración del hombre por *Dios*, su testimonio profético a través de la elección del *pueblo* de Dios; con miras a una *tierra* prometida a la justicia. Esta promesa se dirige a toda la tierra y a todas las naciones. Por eso, el libro comienza por la creación del mundo, para presentar los tres grandes arquetipos bíblicos del Paraíso de *luz*, del Arca entre las *aguas* del Diluvio, del Éxodo hacia la *tierra* prometida.

Es evidente que el Génesis no se ocupa de física, biología o psicología, ni de historia o sociología, en el sentido científico de esas disciplinas. Habla de una realidad más esencial: revela la significación, el origen y la orientación del cosmos y del hombre en su relación con el Creador.

Debemos evitar dos excesos en los cuales pueden caer nuestras interpretaciones: el concordismo y el literalismo. El concordismo intenta superar el conflicto supuesto entre la Biblia y la ciencia, adaptando ahora la Biblia a una ciencia cambiante y siempre nueva, después de que se la redujo a doctrinas religiosas y morales. Una exégesis literal e histórica busca una exactitud científica y crítica necesaria, pero se parapeta a menudo en una interpretación demasiado superficial cuando se olvida del designio global de Dios a lo largo de la Biblia. Y por lo tanto, se olvida también de la luz proyectada sobre la situación existencial del lector, para quien la Biblia se escribió y se imprime hasta hoy. La Biblia ofrece su revelación a todos los hombres, sus oyentes y lectores, aun alejados de ella en el espacio y el tiempo.

Orígenes lo notaba ya a comienzos del siglo III:

> La Escritura siempre es nueva, y uno y otro Testamento son siempre para nosotros un Testamento nuevo, no por la edad del tiempo, sino por la novedad de la inteligencia... Las Escrituras se comprenden por sus relaciones mutuas, pues contienen en ellas, dispersos, los principios de su interpretación... Los que no saben reconocer la armonía divina de los Libros santos creen a veces sentir una disonancia entre el Antiguo Testamento y el Nuevo... Pero un hombre ejercitado en esta música divina, como verdadero David, sabrá ejecutar la sinfonía tendiendo oportunamente las cuerdas de la Ley o las del Evangelio, que resuenan al unísono; o las de los Profetas o las de los Apóstoles... Pues toda la Escritura es un instrumento divino perfectamente afinado, cuyos diferentes sonidos forman una maravillosa consonancia[1].

> Concédeme, oh Creador, hablar de la belleza de tu creación. De Ti vienen las palabras y los cantos. Da a mi boca, tan indigna, el canto de tus alabanzas... Tu Palabra contiene el tesoro de la vida derramada a los hombres. Tu enseñanza aplana el camino. Tu puerta está abierta a todos los que desean venir a Ti. Ilumíname, pues sin Ti no hay luz en el alma. ¿Quién puede hablar de Ti, Señor, sino por Ti? ¡Que la admiración arrebate mi alma y la fe se apodere de mi espíritu! De la admiración a la fe oscila la enseñanza: todas las obras divinas son admirables. Si la

---

1. Mat., 2, fragm. Citado por Henri de Lubac, *Histoire et Esprit*. Paris: Aubier, 1950. p. 169.

admiración no resuena en las palabras del hombre, es mejor para él callarse.

>   Santiago de Sarug, siglo VI. *Homilía.*[2]

Nota sobre
la estructura del Génesis

l Génesis ha llegado hasta nosotros con una estructura precisa y significativa, indicada por sus últimos redactores y editores. Para descubrirla, debemos dejar de lado la división en capítulos, inventada por cristianos de la Edad Media. Seguiremos la división indicada en las ediciones judías de la Biblia en hebreo: doce grandes secuencias, que se organizan así:

1. ADÁN, diez generaciones: 1, 1-6,8 / 146 versículos.
2. NOÉ, diez generaciones: 6,9-11,32/ 153 versículos.
3. ABRAHAM: 12,1-17,23 /126 versículos.
4. ABRAHAM e ISAAC: 18,1-22,34 / 147 versículos.
5. REBECA: 23,1-25,18 / 105 versículos.
6. ESAÚ Y JACOB: 25,29 – 28,9 / 106 versículos.
7. JACOB Y RAQUEL: 28,10 – 32,3 / 148 versículos.
8. JACOB-ISRAEL: 32,4-36,43 / 153 versículos.
9. JUDÁ Y JOSÉ: 37,1 – 40,23 / 112 versículos.
10. JOSÉ y sus HERMANOS: 41, 1 – 44, 17 / 146 versículos.
11. JOSÉ y su padre JACOB: 44,18 – 47,27 / 106 versículos.
12. JACOB BENDICE las 12 TRIBUS: 47,28 –50,26 / 85 versículos.

Nota: El presente trabajo se centra solamente en la primera parte de la primera Secuencia

Estructura del Génesis

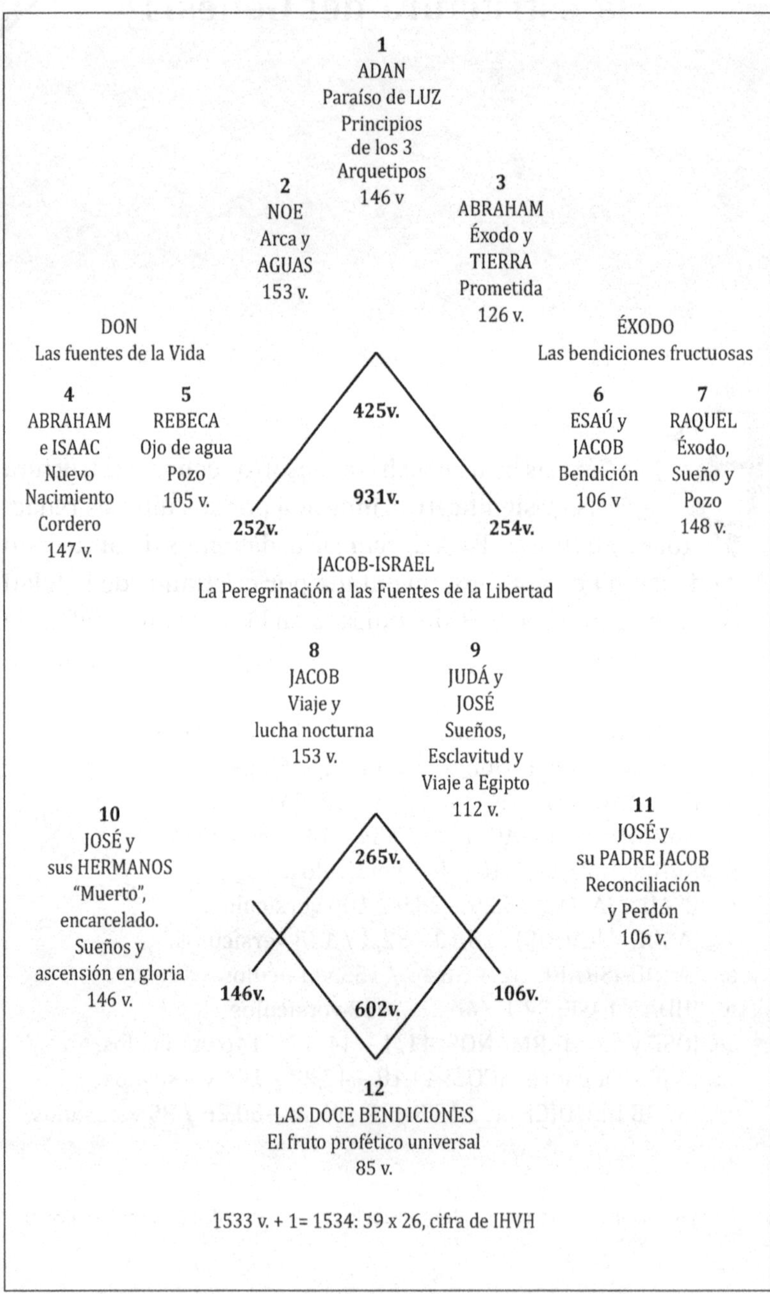

Estructura de la primera secuencia
1,1-6,8 en 146 versículos y 7 secciones. LOS DÍAS DE NUESTRA GÉNESIS

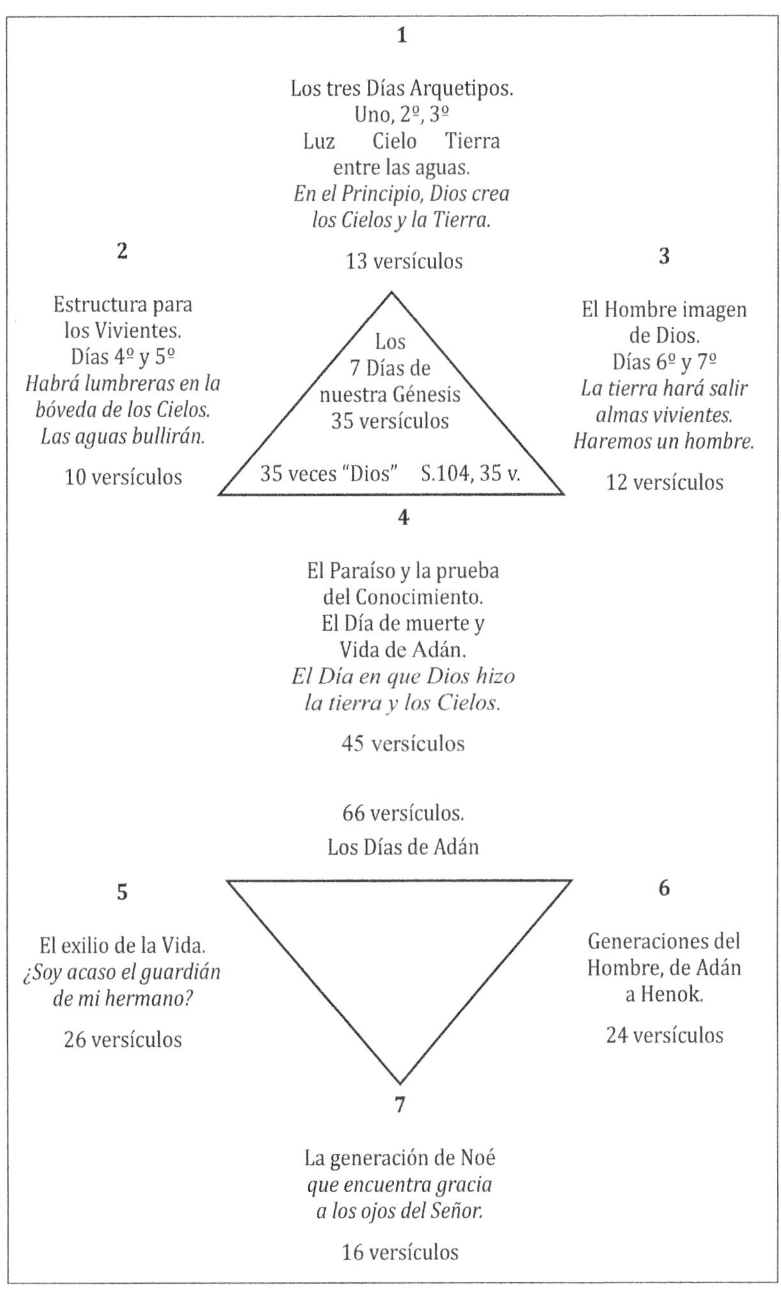

1
2
3
ד
6
5
4
שבת
LUZ
CIELO
AGUAS
ARBOL
TIERRA
HOMBRE
BESTIAS
VIVIENTES
LUMBRERAS

LOS SIETE DÍAS DE LA CREACIÓN

El relato de los Siete Días

El Génesis se inicia con un relato extremadamente estructurado, ritmado por estribillos semejantes a versículos litúrgicos. Se comprende la alegría de los judíos cuando lo cantan el mes del Año Nuevo (Tishri, septiembre-octubre) y la de los cristianos cuando lo oyen proclamar la Noche pascual.

Los siete ritmos de la creación son un comienzo absoluto y perpetuo, siempre presente; una liturgia primordial siempre nueva. El tiempo litúrgico inventado por los semitas es el septenario o semana. Este ritmo se encuentra a lo largo de la Biblia, y el séptimo día, el shabat, el sábado, es la fiesta semanal.

Desde el punto de vista de Dios, el acto creador es único, es decir, es absoluto y eterno, y los siete días del Génesis no son el tiempo horario que Dios necesitó para crear el mundo. Desde nuestro punto de vista temporal, los siete días son los días de cada semana de nuestra vida y de toda la historia, durante los cuales somos creados sin cesar por el Creador. Podemos decir que todos los hombres, sin excepción, lo sepamos o no, somos creados según una medida sinfónica en seis tiempos, con miras a un séptimo, el tiempo libremente abierto al porvenir. Los Días del Génesis son los ritmos continuos de nuestra existencia humana. Todos somos hijos e hijas de los Seis Días.

El contenido de los siete Días del Génesis es inseparablemente cósmico, antropológico y teológico. Ciertamente, se trata de la creación de los cielos y de la tierra, de todos los seres invisibles y visibles. Pero el relato es antropomórfico, como toda ciencia humana. Además, por el lugar eminente que presta al hombre, el relato es también antropológico, como toda la Biblia: nos habla del cosmos según la representación pre-científica de la Antigüedad, en la relación estrecha de ese cosmos con el hombre. Finalmente, es teológico por el hecho de que el hombre está presentado en relación constante con Dios.

La lista de criaturas enumeradas a lo largo de los seis días indica claramente los diversos niveles del mundo visto por el hombre, y más aun, los niveles esenciales de cada persona humana: físico, biológico, astronómico o temporal, animal, psíquico y masculino-femenino. Todo esto, lo somos realmente, y el lenguaje bíblico simboliza esta realidad. Los símbolos y parábolas bíblicos no son una manera simple de hablar, arcaica e infantil para algunos; son un lenguaje concreto que significa una realidad humana en busca de su realización. El símbolo bíblico siempre pone en relación realidades cósmicas e históricas con una nueva realidad con la cual se comunican de manera eficaz. Por ejemplo, las aguas significan y realizan físicamente la muerte y la vida, y están en comunión estrechamente significante y realizadora con el diluvio, el éxodo a través del Mar Rojo y nuestro bautismo cristiano; y esto, por la mediación de la muerte y la vida nueva del hombre liberado o resucitado en Israel y en JesuCristo. Este simbolismo es más profundo que la alegoría y por eso es mejor llamarlo *tipología*. El libro del Génesis nos ofrece los "tipos primeros" y esenciales, los "arquetipos": luz, aguas, tierra, árbol, astros, y todo un bestiario humano. Son símbolos antropológicos como todos los arquetipos, pero el Génesis les agrega un sentido teológico, en razón de su función dentro de la Alianza.

El relato de los siete Días es la parábola sacerdotal y litúrgica, real y profética, de nuestra existencia humana; junto con el segundo relato de creación (2, 4b-25) en que Dios propone al hombre el Paraíso, se hace parábola de nuestro destino humano-divino.

El Padre Paul Beauchamp[3] estudia la estructura compleja de los siete Días a través de las fórmulas y el vocabulario, las listas de criaturas, la repartición en unidades y su ritmo, los arreglos numéricos. El título de su obra indica la importancia central que atribuye al cuarto día, el de los astros, *cuerpos separadores*, en la formación de un cosmos creado según una ley de *separación*, es decir, de distinción y diferenciación en el interior de la relación y la comunicación.

El texto armoniza diez palabras creadoras y seis Días de creación, precedidos por un "tiempo cero" y seguidos por el séptimo Día:

Día Uno	2° Día	3° Día	4° Día	5° Día	6° Día	7° Día
1ª Palabra Luz	2ª Cielos	3ª + 4ª Tierra + Vida	5ª Lumbreras	6ª Vivientes	7ª, 8ª, 9ª, 10ª Animales + Hombre	Shabat

Principio

[1] Por un principio, Dios crea los cielos y la tierra.

Encabezamiento, En el comienzo, Por un principio, ésas son tres de las traducciones más corrientes de *BeReshit*, primera palabra del Génesis. La raíz de esta palabra hebrea es la palabra *Cabeza*, y significa así un comienzo absoluto antes del cual no hay estrictamente nada, sino "Dios solo con su Nombre", según la fórmula judía. Como Creador, Dios mantiene con su creación una relación

---

3. Paul Beauchamp. *Création et séparation. Étude exégétique du chapitre premier de la Genèse.* Paris : Aubier, 1970. Todas las citas ulteriores de este autor corresponden a la misma obra.

que queda indicada por el sentido profundo de *BeReshit* : detrás
del sentido temporal del comienzo, hay un sentido intemporal y
esencial, *principio* en el sentido de idea fundamental, de proyecto
orientado, de concepción.

> El acento se pone sobre el predominio lógico y sobre
> la dignidad del comienzo, sobre la idea de principio.
> Ahora bien, para el autor del Heptamerón (relato de
> Siete Días), el comienzo es la base de su calendario,
> de la historia sacerdotal y de todas las cosas; es la
> creación del cielo y de la tierra y de su ejército... La
> primera semana es la forma arquetípica del tiempo
> y, por eso, se repite sin cesar. La semana es la con-
> memoración indefinidamente repetida de la acción
> primera de Dios, la creación, pero esta acción misma
> está constantemente presente... Toda la semana es
> un acto único de creación.
>
> — Paul Beauchamp

Los Días de nuestra semana

Dios es eterno y crea por un acto único y eterno, en el cual
somos creados a lo largo del tiempo, como en una espiral tridi-
mensional perpetuamente ligada a un solo punto fijo, eternamente creador. A todo instante de los siete Días de cada una de
las semanas de nuestra vida, somos creados según esta medida
original en seis tiempos, en marcha hacia un séptimo que nos corresponde cumplir como respuesta al acto creador. Son los siete
Días o ritmos del Génesis.

Los dos relatos de la Creación, el de los siete Días y el que le
sigue, en el que el Señor-Dios crea al hombre y la mujer y les
propone un Paraíso de luz, esos relatos revelan la *concepción* del
mundo y proyectan su historia. "Concepción" en el doble sentido
físico y lógico: la Biblia habla tanto de las entrañas amantes del
Padre creador como de su Verbo (Logos) y de su Espíritu, por

quienes no cesa de crear: *Mi Padre trabaja siempre y Yo también trabajo* (Jn 5,17). El mundo material, viviente y espiritual es creado por Dios como una génesis *concebida* según un principio, un designio en que el hombre descubre y realiza su finalidad por caminos múltiples y variados. La palabra "principio" significa en su etimología latina un sentido, una idea, un concepto que se origina en la cabeza (*caput*), una *concepción* que, por eso, es "capital". Dios propone y el hombre dispone. La concepción física y lógica de la creación nos proyecta por caminos de una larga gestación histórica, de un nacimiento siempre nuevo, de un crecimiento adulto, de un trabajo transformador y de una lucha violenta y no-violenta, con miras a las Alianzas: los desposorios del Creador con su creación, las bodas de Dios con sus pueblos. Del comienzo al fin, la Biblia es una Revelación biológica tanto como teológica. Su último libro, el Apocalipsis, forma "inclusión" con el Génesis del comienzo. En sus septenarios, revela la lucha victoriosa y las bodas de Dios con el hombre en una tierra nueva. Y ya el Génesis, en su primer relato, se inicia y se acaba por una primera "inclusión" que indica el carácter genésico, vital, de esta concepción luminosa y amante que es la creación:

> *Por un principio, Dios crea los cielos y la tierra…*
> *Éstas son las generaciones de los cielos y de la tierra*
> *en su creación.*

Entre estos dos versículos, se desarrolla la *concepción* luminosa, inmaculada, del designio creador; la semana arquetípica de toda la historia del mundo, esa historia develada en la profecía bíblica. Esta semana primordial es una "historia santa", un texto escrito por los escribas sacerdotales de Israel en tiempos del exilio y del primer retorno a Jerusalén, en el siglo VI a. C. Es una instrucción sagrada, dada con miras a una Sabiduría que es un saber-vivir-de-amor, una construcción en común de una creación siempre nueva. En el plano eterno, en el sentido de *concepción*, comienzo y principio de la historia, la creación está terminada.

Pero en el desarrollo del tiempo, está lejos de acabarse: ella se realiza a lo largo de la historia, en nuestra vida cotidiana. Son los Días de nuestra Génesis.

DÍA CERO

Caos y vacío, tiniebla y abismo

s evidente que Dios no creó un mundo totalmente terminado, sino que creó una creación en progresiva y perpetua génesis. Esto está indicado por el segundo versículo de nuestro texto y por la historia del mundo, en camino hacia su cumplimiento gracias a la colaboración del hombre con Dios.

2 *La tierra era caos y vacío, una tiniebla sobre la faz del abismo, y un soplo de Dios aleteaba sobre la faz de las aguas.*

El versículo 1 *sintetiza* un comienzo que dura una semana. Por lo tanto, no es exactamente después del v. 1 (puesto que éste no describe un comienzo puntual), que intervendría un "período" de caos, pues el estado caótico prosigue más bien a lo largo de las etapas de la creación, en el sentido de que la tierra es todavía *tohu wabohu* mientras no esté lista para el hombre (sexto Día, cf. Is 45, 18); del mismo modo, *el soplo* no cesa su acción con la primera palabra... El v. 2 se sitúa durante ese comienzo que es la obra de los seis Días. 2a y 2b describen la creación, no del lado del agente, sino del objeto y de la materia. Conciernen a una

> situación que no queda anulada pura y simplemente
> por la obra de los seis Días.
>
> ———————————————— ⟆ Paul Beauchamp

Esta situación caótica y tenebrosa continúa de cierta manera hasta el fin de los tiempos (cf. Ap 21,1.25), pues simboliza el aspecto imperfecto y progresivo, y hasta el aspecto negativo de nuestra libre colaboración con la creación. Pero hay algo más, en el nivel mismo del Creador: la tradición judía y cristiana ve en los aspectos negativos de la creación, en el vacío, la tiniebla y el abismo, los símbolos del *Dios escondido* (Is 45,15).

Antes y hasta alrededor de la Palabra, que crea todo, vemos *la nube oscura* que rodea al Señor y escuchamos *la voz de un silencio tenue* (Dt 5,22; Sal 18,12; Lc 9,34; 1 R 19,13). Dios crea y Se revela durante la noche y en el silencio, y de esta noche y de este silencio surgen su Palabra y su Luz (Sb 18,14-15; 2 Co 4,6). Antes y por debajo de los seis Días o ritmos de creación, está el tiempo cero, ese vacío misterioso y silencioso donde Se retira el Señor para dejar lugar a su criatura y darle al hombre espacio y tiempo libres. Hablando de la Encarnación de Dios, el Apóstol Pablo escribe:

> *El Cristo Jesús, para quien ser de condición divina no era una usurpación, estimó que era igual a Dios, pero se vació a Sí mismo para tomar la condición de esclavo... y se humilló hasta la muerte, y muerte en cruz.*
>
> ———————————————————— ⟆ Flp 2,6-8

Esta misma aniquilación, conmovedora en su silencio, existe ya en Dios, en el acto creador: el que es infinitamente grande Se supera en lo infinitamente pequeño de la creación, el Ilimitado (*Ayn-Sof)* Se limita a Sí mismo. Esta *kenosis* (vacío, despojamiento) del que habla Pablo, se llama *tzimtzum* en la tradición mística judía, lo cual significa limitación, contracción.

Esta retirada silenciosa, respetuosa de nuestra libertad, se revela a menudo en la Biblia y el Evangelio y en nuestra historia personal.[4]

El acto de crear

¿Cuál es el sentido de esta *kenosis*, de esta *limitación* voluntaria de Dios? ¿No sería ésta la originalidad del acto de crear? Acto estrictamente reservado a Dios, que no tiene nada que ver con una fabricación artificial, en sentido artesanal o artístico. Para la teología judía, cristiana e islámica, se trata de una creación *"ex nihilo"*. Esta expresión no aparece en el canon de los libros hebraicos, sino sólo en el libro tardío de los Macabeos (2º libro, 7,28, "hacer de la nada"). El verbo *bara, crear,* significa hacer nacer y cortar. Al crear, Dios hace nacer el mundo, le da una existencia separada de la suya, como si lo sacara de Sí a la manera de una madre que pare. Es un acto de amor plenamente respetuoso de su creación. La relación entre el Creador y su creación es a la vez una distancia infinita que subraya la trascendencia divina, su libertad, y en consecuencia también la nuestra; y asimismo una comunicación por la cual Dios habla y actúa con el hombre, lo cual indica la inmanencia del Dios vivo que quiere establecer con nosotros una Alianza amante y justa. Pero esta comunión no será confusión, y esta distancia no será nunca, de su parte, una ruptura. En la más íntima unión mística, y hasta en la ruptura del pecado, la relación divina permanece, justa y ajustada. Esta "ley" de distancia sin separación y de unión sin confusión es la clave teológica de la Biblia, y la verificaremos a lo largo de toda la creación.

> El mundo fue sacado de la nada y esto podemos comprenderlo. Pero resulta que la tradición judía nos dice: ¡Atención, esa nada es Dios! No es realmente la nada: es sólo la nada para nuestro espíritu, que no sabría

---

4.   Ver el admirable estudio teológico sobre el silencio y la palabra de André Néher: L'Exil de la Parole. Paris : Seuil, 1970.

> diferenciar entre el infinito y la nada. Y, por otra par-
> te, Dios es designado a menudo por el término *ayn*,
> que significa *donde* y *no* en los textos clásicos de la
> Cábala (*Ayn-Sof*, el Sin-fin, Infinito, Ilimitado). *Ayn*
> es por otra parte, también, el anagrama de *Any*, que
> significa *yo*: la relación aquí es evidente. Aunque no
> les guste a los teólogos, no habría que decir que el
> mundo fue sacado de la nada, sino sacado de Dios.
> Se ve muy bien: todo en este texto evoca un parto...
> El mundo tiene un origen divino. El niño sólo puede
> vivir si se corta el cordón umbilical. Sólo después de
> la expulsión puede elaborarse el verdadero diálogo,
> al menos a nivel de la conciencia.
>
> Rabino Josy Eisenberg[5]

Esta distancia entre el hombre y el Creador indica claramente que los dos son "distintos". Esta alteridad cortante permite
la Alianza, *berit*, palabra que deriva de *bara,* crear, hacer nacer,
cortar. Las víctimas del sacrificio de la Alianza son cortadas por
el medio (verbo *BaTaR*, anagrama de *BeRiT*) para simbolizar el
pacto sellado entre los dos pueblos o las dos personas que esta-
blecen la alianza.

El acto de creación, la concepción física y lógica del mundo,
indican profundamente la naturaleza única de un Dios personal:
lo propio de la naturaleza es producir, hacer nacer, dar la vida; lo
propio de la persona es hacer de este acto "natural" un acto libre
de abnegación, de humildad, de respeto de la criatura, casi una
"muerte" en el sentido de "don de sí". Gran Misterio que sólo una
aproximación apofática, es decir, inefable e infinita, puede adivinar en el silencio y bajo la nube oscura del Espíritu. Para nosotros, cristianos, el Dios único es TriPersonal: el Padre crea por su
Verbo, en el silencio de su Espíritu.

---

5.   Todas las citas de este autor están sacadas de *A Bible ouverte*, que en varios volúmenes
     y en colaboración con Armand Abécassis fue publicado en Paris (Albin Michel, 1978).

El Espíritu de Dios

Y la tierra era caos y vacío, una tiniebla sobre la faz del abismo, y el espíritu de Dios aleteaba sobre la faz de las aguas. Esta materia informe y tenebrosa no es una materia eterna a partir de la cual Dios, como un demiurgo organizador, crearía la obra de los seis Días. Esta materia forma parte de la creación de los cielos y de la tierra y expresa su aspecto desorganizado y oscuro, bruto y opaco, vacío aun de las orientaciones que harán de estos materiales una tierra habitable. El *tohu-bohu* indica una tierra sin forma y sin habitantes, un caos y un vacío donde todo es posible, pero que espera la orientación luminosa de la Palabra formadora y del Espíritu transformador. Nada es preciso aun, pero todo es posible: el caos es sin forma, el vacío sin presencia, la tiniebla sin visión, el abismo sin límites, las aguas sin vida. La palabra abismo resume esta masa de materia, asimilada luego a las aguas inferiores: todo es informe y vacío, oscuro y líquido. Pero *un soplo de Dios* viene a animar esas aguas primordiales por el movimiento giratorio de vaivén. El verbo empleado, "aletear", sólo aparece otras dos veces en la Biblia: en Jeremías (23,9) y sobre todo en el Deuteronomio:

> *Como un águila que despierta su nidada,*
> *el Señor aletea sobre sus polluelos;*
> *despliega sus alas, los toma y los lleva sobre sus alas*

 Dt 32,11

Este movimiento giratorio está orientado hacia un término, las aguas, como el Señor comparado al águila completa su movimiento orientando a su pueblo hacia la tierra prometida. El verbo también puede significar "empollar" y "fecundar". Rachi, el célebre rabino del siglo XI habla de "la única fuerza del soplo de la palabra del Santo, bendito sea: como la paloma que planea sobre su nidada y la empolla". El soplo de Dios es aquí simultáneamente un soplo respiratorio y una energía espiritual, doble sentido de *ruah*, soplo, espíritu. Es el Espíritu de Dios que viene a animar y fecundar las aguas primordiales de donde surgirá, por el gesto separador del Verbo de Dios, la tierra finalmente formada y habitable. El soplo-Espíritu y la palabra-Verbo de Dios son la fuente de toda la creación organizada y viviente.

Como lo nota Paul Beauchamp, todo este comienzo de los seis Días se parece a una de las numerosas teofanías de la Biblia, donde la función del Espíritu, con su soplo vivificante, equilibra la función del Verbo, con su palabra separadora. Esta última función está más presente en los primeros días del Génesis, y la primera, en los últimos días. El relato está efectivamente estructurado sobre la "distinción" separadora y formadora de una tierra primero informe; luego, sobre la "reunión" unificante y transformadora que puebla esta tierra primero vacía.

Esta teofanía o manifestación divina recuerda y asume, purificándolas y renovándolas, las cosmogonías paganas donde los dioses luchan entre ellos para organizar el caos, representado a veces también como un dios o una diosa. En la Biblia, Dios se asemeja a un guerrero vencedor de las fuerzas inferiores y desordenadas gracias a su palabra, a menudo comparada a una espada cortante:

> *Dios, mi rey desde antiguo, obras salvaciones en*
> *medio de la tierra.*
> *Tú, hendiste el mar con tu potencia, quebraste las*
> *cabezas de los dragones sobre las aguas...*
> *Tuyo es el día, tuya también la noche, Tú dispusiste la*
> *luna y el sol.*
> *Tú fijaste todas las fronteras de la tierra, Tú formaste*
> *el verano y el invierno.*
>
> Sal 74, 12-17

> *Mientras el silencio envolvía todo en su centro*
> *y la noche llegaba a la mitad de su camino,*
> *tu Palabra omnipotente se lanzó desde su morada*
> *real hacia la tierra...,*
> *con tu decisión como espada cortante.*
>
> Sb 18,14-16

Estas realidades primordiales que son el caos y el vacío, la tiniebla y el abismo de las aguas inferiores, materia desorganizada e inorgánica, permanecen unidas en profundidad a la obra de los seis Días. Ellas forman el abismo insondable, como el seno inmenso de toda la creación. ¿Cómo se manifiestan esas realidades en nosotros, que somos creados en el ritmo de los seis Días y por lo tanto, también en este tiempo cero? La historia de las Alianzas del hombre con Dios, es decir, nuestra vida espiritual, nuestra comunión con Él, responden con la Biblia de manera negativa y positiva.

En la vida comunitaria y personal

Las grandes aguas agitadas, el gran abismo tenebroso, el caos y el vacío son símbolos de la ruptura de la Alianza con Dios y de sus frutos amargos, tanto en la vida comunitaria como en la vida personal. La idolatría de los ídolos y las ideologías, que toman el lugar del Creador y las propuestas que nos hizo, provoca una regresión malsana y trágica hacia los abismos, regresión que aniquila todo progreso verdadero. La Biblia y el Apocalipsis de Juan hablan de las plagas de Egipto, renovadas a lo largo de la historia (las siete trompetas y las siete copas del Apocalipsis), y también de reacciones furiosas del hombre ante la acción de Dios y su venida a la creación; ellas expresan una anti-creación, un mundo tenebroso y violento: *este mundo* cuyo príncipe es Satanás, simbolizado por un Dragón devorante y dominador. Es el mundo fabricado por el hombre en la medida en que, negándose a la Palabra de Dios y a su Luz, se crea su propio infierno, su mundo deshumanizado.

> *Mi pueblo ha trocado su gloria por lo que no vale*
> *nada...*
> *Me abandonan, a Mí, la fuente de aguas vivas,*
> *para cavarse cisternas agrietadas*
> *que no retienen las aguas....*
> *Mi pueblo es demente; no se conocen,*
> *son hijos locos y no prudentes,*
> *prudentes para el mal; el bien, no lo saben hacer.*

Veo la tierra, y he aquí:
¡es el caos y el vacío, tohu-bohu!;
¡El cielo, y no había luz!
Veo los montes, y he aquí: ¡convulsionados,
todas sus alturas están sacudidas!
Veo, y he aquí: ya no hay hombres
y todos los pájaros del cielo han huido.
Veo: el país de los vergeles es un desierto
y todas las ciudades están arrasadas
frente al Señor, ¡y la quemadura de su cólera!
Así habla el Señor: la tierra se vuelve desolación,
pero no la aniquilaré.

Jr 2,11-13; 4,23-27

Porque el pueblo rehusa las aguas de Siloé
que fluyen en paz,
subirán contra vosotros las aguas potentes
y profundas del Río:
Es el rey de Asiria, que inundará Judá y sumergirá a
todo el país...
El pueblo blasfema contra su rey y su Dios,
mirando hacia lo alto
y mirando la tierra. Y he aquí: desdicha y tinieblas,
oscuridad, angustia, negrura y dispersión.

Is 8,5-8.21-23

En la vida personal, la regresión hacia una nada y la caída en la angustia se hacen sentir por los mismos símbolos del abismo:

Las aguas suben hasta mi alma,
me hundo en el fango del abismo sin fondo,
caigo en lo profundo de las aguas,
y el torrente me sumerge...
¡Sácame del fango, que no me hunda en él,
líbrame de los que me odian

y de las aguas profundas!
No me anegue el torrente de las aguas,
ni me trague el abismo.

Sal 69, 2-3.15-16

Lo negativo no existe en estado puro, y el mal es siempre un bien o bienes pervertidos. Y ya no habrá diluvio ni aniquilación, dice Dios a Noé y a Jeremías. ¿Cómo salir del caos y del desierto provocados por las violencias incesantes? ¿Cómo escapar al abismo angustiante de una civilización infernal y deshumanizante? Por la inversión y la conversión de realidades expresadas por los mismos símbolos. En la Biblia, el desierto se convierte en un camino de conversión (Is 35), un paso de la esclavitud y la muerte a la vida nueva y libre (Éxodo). La noche oscura guía al pueblo y Dios Se manifiesta en la voz del silencio sutil. Los místicos judíos y cristianos indican todos el paso por el camino desértico, la noche oscura y el silencio sin respuesta de Dios.

Oh Trinidad supraesencial y supradivina, que orientas la sabiduría de los cristianos hacia lo divino, condúcenos más allá de toda luz y de todo conocimiento hacia la alta cima de las Escrituras místicas, allí donde los misterios simples y absolutos.... están envueltos, más allá de toda luz, en la Nube del Silencio oculto; allí donde lo más resplandeciente se manifiesta en lo más tenebroso y en lo invisible; allí donde lo intangible llena de bellísimos esplendores las inteligencias que cierran los ojos...

Concédenos penetrar en la Nube, más allá de toda luz, y ver y conocer, gracias a la ceguera y el no-conocimiento, lo que está más allá de la visión y del conocimiento. Y ver y conocer que el no-ver y el no-conocer es realmente ver y conocer.

Dionisio el Pseudo Areopagita. *Teología mística.*

¡Que bien sé yo la fonte que mana y corre,
    aunque es de noche!
Aquella eterna fonte está escondida,
¡que bien sé yo do tiene su manida,
    aunque es de noche!
Su origen no lo sé, pues no le tiene,
mas sé que todo origen de ella viene,
    aunque es de noche.
Sé que no puede ser cosa tan bella
y que cielos y tierra beben della
    aunque es de noche.
Bien sé que suelo en ella no se halla
y que ninguno puede vadealla,
    aunque es de noche.
Su claridad nunca es escurecida,
y sé que toda luz de ella es venida,
    aunque es de noche.
Sé ser tan caudalosas sus corrientes
que infiernos, cielos riegan, y las gentes,
    aunque es de noche...
Aquesta eterna fonte está escondida
en este vivo pan por darnos vida,
    aunque es de noche.
Aquí se está llamando a las criaturas,
y de esta agua se hartan, aunque a escuras,
    porque es de noche.
Aquesta viva fuente, que deseo,
en este pan de vida yo la veo,
    aunque es de noche.

El Padre dice una sola Palabra: es su Hijo. Lo dice
eternamente y en un eterno silencio. En el silencio
del alma, esa Palabra se hace oír.

En una Noche oscura,
con ansias, en amores inflamada,
¡oh dichosa ventura!
salí sin ser notada,
estando ya mi casa sosegada.

A oscuras, y segura
por la secreta escala disfrazada,
¡oh dichosa ventura!
a oscuras y en celada,
estando ya mi casa sosegada.

En la Noche dichosa,
en secreto, que naide me veía,
ni yo miraba cosa,
sin otra luz ni guía,
sino la que en el corazón ardía.

Aquésta me guiaba
más cierto que la luz del mediodía,
adonde me esperaba
quien yo bien me sabía,
en parte donde naide parecía.

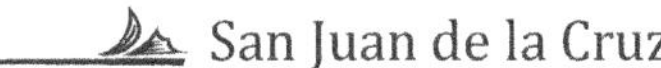 San Juan de la Cruz

Un silencio interior, un vacío disponible es necesario para escuchar la Palabra de Dios; una respiración calma y profunda es buena para percibir el soplo del Espíritu Santo y su inspiración. Así, podemos superar el ruido de todas las violencias, las propagandas de mentira, y obrar para crear la paz. Sólo después de nuestra muerte y al fin de los tiempos las grandes aguas agitadas y la noche angustiante cesarán: *ya no habrá mar, ni noche* (Ap 21,1-25).

A través de los ruidos de todo tipo, más profundo que el mal, en el silencio de nuestro espíritu, la Palabra de Dios permanece, creadora de luz; el Espíritu de Dios permanece, inspirador de

vida y de comunión. Es así como la primera de las diez palabras
del Génesis crea la luz. Es el Día Uno.

> Treinta rayos convergen en el cubo de la rueda,
> pero es el vacío del centro
> lo que hace andar el carro.
>
> Se modela la arcilla para hacer vasijas,
> pero del vacío interno
> depende su utilidad.
>
> Una casa está horadada de puertas y ventanas:
> Es el vacío
> lo que la hace habitable.
>
> El Ser da posibilidades,
> y el No-Ser les da su utilidad.
>
> Tao te King, XI

DÍA UNO:
La Luz

3	*Dios dice:*	*"¡La luz será!" Y fue la luz.*
4	*Dios ve*	*la luz. ¡Qué buena es!*
	Dios divide	*entre la luz y la tiniebla.*
5	*Dios clama*	*a la luz: "¡Día" Y a la tiniebla clamó: "¡Noche!"*

Y atardece y amanece: Día Uno.

La Palabra

Dios habla, y sobre las tinieblas silenciosas suspendidas sobre el abismo, nace la luz. Dios crea por su Palabra y enseguida lo que Él dice se cumple. En Él, la concepción del pensamiento, la vibración de la palabra y el cumplimiento del acto son una sola y misma realidad. Allí reside su verdad, su fidelidad: ¡Amén! ¡Es verdad! En nosotros, hay distancia, y a menudo desfase y hasta oposición entre pensamiento, palabra y acción: allí reside nuestra mentira, nuestra incoherencia, nuestra irresponsabilidad. La Biblia está fundada en la Palabra de Dios, inseparable de su silencio, de su presencia; inseparable de su acción: *Él dice, y todo es; Él manda, y todo nace* (Sal 33, 9).

Israel es un pueblo más auditivo que visual. Los estribillos más frecuentes en la Biblia son: *¡Escuchad! ¡El Señor habla!.... ¡Quien tiene oídos para oír, que oiga!... ¡Ah, si pudieras oír mi voz...!*, etc... En el momento en que el Señor proclama las Diez Palabras (Decálogo), que volverán posible y nueva la creación arruinada por los hombres, el texto hebreo escribe: *Todo el pueblo ve las voces, las llamas, la voz del shofar y la montaña humeante* (Ex 20,18). La Biblia de Jerusalén suprime el verbo ver y reemplaza "voces" por "truenos". Y sin embargo, Moisés llega a decir: *Vosotros no habéis visto ninguna imagen, sólo una voz* (Dt 4,12). Nada hay para ver, sino la Palabra. El pueblo de Dios es más musical y litúrgico que iconográfico, y esto no sólo por la exclusión de ídolos visibles, sino por vocación: ese pueblo existe por la Palabra y para la Palabra. La Biblia no está hecha para ser leída, sino más bien para ser escuchada.

> Para designar la Escritura, el hebreo emplea el término *Mikra*, que significa lectura. El verbo *kara*, del que deriva la palabra *Mikra*, tiene el sentido de leer y de llamar. La lectura bíblica se convierte, para cada judío, en un llamado de Dios, y también expresa un llamado a Dios.
>
> Rabino Zaoui

> El hombre que quiere recibir la Biblia en su corazón debe, con su propia boca, reemplazar la palabra escrita, las letras impresas, por el vocablo hablado.
>
> Martín Buber

Por eso, en las liturgias judías y cristianas ortodoxas, las lecturas y las plegarias no sólo se leen en voz alta, sino que también se cantan. La voz humana reemplaza a los instrumentos musicales.

Diez veces *Dios dice*, y durante los seis Días, ocho obras son creadas; cinco criaturas son llamadas y nombradas por el grito *clamado* por Dios (verbo *kara*). Sorprendente estructura de este texto que subraya el primado de la voz del Verbo. San Juan podrá decir, de manera absoluta:

> *En el Principio el Verbo es y el Verbo está hacia Dios y el Verbo es Dios.*
> *Él está en el Principio hacia Dios.*
> *Todo existe por Él y nada existe sin Él.*
> *En Él está la Vida y la Vida es la Luz de los hombres.*
> *La Luz Se manifiesta en las tinieblas.*
>
> Jn 1,1-5

Dios es Luz.

⟶ 1 Jn 1,5

Todo fue creado por Él y para Él [el Hijo del Padre]
Él es antes de todas las cosas, y todo se mantiene en Él...
Él es el Principio.

⟶ Col 1, 16-18

La Luz

¿Qué es la Luz, creada por un Dios que es Luz? Hay ciertamente una relación entre esta luz creada y la Luz Increada. El camino de esta relación a lo largo de una creación en marcha hacia la Luz divina queda subrayado por el símbolo mismo de la palabra *luz*, que en hebreo se relaciona estrechamente con el verbo *ver*. La luz simboliza, es decir, significa y se realiza a través de una escala de realidades ascendentes. Pues la luz no es sino la materia prima de todo lo que existe y de la visión misma. La materia es una energía-luz invisible y vibrante, que se hace visible e irradiante gracias a las lumbreras del cuarto Día. Se espesó en las cosas groseras, llamadas "materiales" y las ilumina cuando hay ojos para ver, es decir, órganos vivientes, otra forma de luz.

En diversos momentos, la luz brilla a lo largo de los Días del Génesis. Brilla primero en el seno de la oscuridad de las tinieblas primordiales de la materia (ver 2 Co 4, 6) que lleva hasta nosotros la invisible luz de su energía, el fuego integrado de sus núcleos. Es la luz original del Día Uno. Brilla más fuerte aun en el cuarto Día, cuando su irradiación se hace visible de día y de noche en los astros. Brilla más viva, aunque aun nocturna, en la vida, la vida capaz de remontar la fuerza de gravedad en el árbol vertical y engendrar la subida de las almas vivas, los animales animados y nutridos por ella. La vida, calor oscuro, que duerme en el ensueño de los vegetales, y se enciende en los ojos de los animales, viajeros mudos. La luz brilla, finalmente, con una claridad resplandeciente en pleno día, en el espíritu que sopla, habla y mira a través de seres conscientes, en el corazón y los ojos de los hombres, esos grandes árboles de conocimiento, de vida y de amor. Y nuestra claridad sube aún más alto, hasta la Luz Increada de Dios, de la que es imagen, y que nos impregna y nos ilumina de Vida:

> *En Él está la Vida*
> *y la Vida es la Luz de los hombres...*
> *Él es la Luz, la verdadera, que ilumina a todo hombre*
> *y viene al mundo.*
> *Está en el mundo y el mundo fue hecho por Él.*

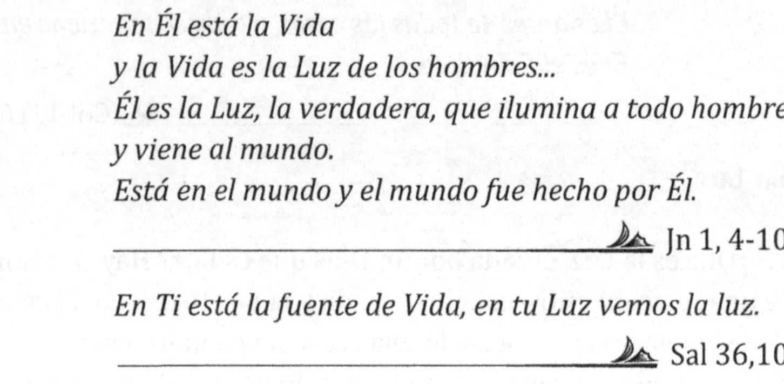 Jn 1, 4-10

> *En Ti está la fuente de Vida, en tu Luz vemos la luz.*

Sal 36,10

Y el Creador *ve la luz*, la ve *buena*. No se trata tanto de una apreciación como de una visión inmediata de la bondad esencial de la primera criatura. La luz no es buena, como las otras criaturas, en relación con una función particular; la luz es buena en sí misma y para ella misma. Como la de las otras criaturas, esta bondad no es de orden moral. Todo lo que Dios crea es *bueno* en su ser mismo, independientemente del uso que puede dársele. Independiente de toda función particular, puesto que no tiene ninguna en este Día Uno, la luz es la base una y única de toda la creación, ella *es* su *Día Uno*. La luz está materialmente presente en toda criatura y espiritualmente presente en toda visión inteligente e inspirante.

La mirada

La *mirada* de Dios será evocada siete veces en este relato, en relación con esta bondad. Esta mirada está íntimamente ligada a su *palabra*, a la que se nombra diez veces, y a su *soplo*, que sigue presente y actuando sobre los materiales primordiales. Así, el Génesis nos presenta a Dios, en su primer encuentro con nosotros, en una admirable simplicidad, bajo la forma del rostro humano: *Dios sopla, Dios dice, Dios ve.* Y esto es exacto, pues el hombre fue creado a la imagen de Dios creador. Pero en nosotros, hay a veces una falta de proporción entre el ojo que ve, la boca que habla y las narinas que respiran y, ya lo dijimos, hay a menudo desacuerdo entre nuestro pensamiento (concepción, visión), nuestra palabra y nuestra acción.

A la luz retrospectiva del Nuevo Testamento, podemos adivinar aquí el rostro trinitario de Tres Personas del Único Dios, y conocer que realmente somos creados, en todo momento, a partir de la mirada del Padre que ve todo en el silencio (Mt 6,6), por la palabra del Hijo que es su Verbo (Jn 1) y en el soplo del Espíritu Santo, "Señor que da la Vida" (Credo).

Así todo es *bueno para* ocupar su lugar y cumplir su función, función particular para las criaturas de los otros Días, función general y única para la luz original y universal del Día Uno.

La luz comparte con el firmamento de los cielos y las lumbreras astrales el privilegio de pasar inmediatamente de la palabra de Dios a la existencia, sin la mediación de la tierra o las aguas. Esto se traduce por el verbo *ser* en la expresión *será*, o *sean*, estrictamente reservada a los Días Uno, segundo y cuarto. Son también los únicos tres Días en que se emplea el verbo *habdil*, *diferenciar.* Este verbo se repite cinco veces, en los versículos 4, 6, 7, 14 y 18. Casi todas las traducciones lo expresan por *separar*. Paul Beauchamp hizo de él la palabra clave de su obra *Creación y separación*, pero cuando lo estudia en detalle, escribe:

> Significa "distinguir", por oposición a "confundir", o también "no dejar con su conjunto", "apartar". En esto, comparada con los gestos míticos de separación del *Tehôm* (abismo), esta palabra indica una elección muy precisa: indica el máximo de asepsia de una imagen. Aplicada al firmamento, le niega toda función mecánica para mostrar en él una simple línea de demarcación... Es claro que este tipo de eficacia está en acuerdo con la de la palabra.

Por eso, preferimos traducir este verbo por "distinguir", "diferenciar" o "dividir", más que por "separar", que es demasiado cortante y corre el riesgo de hacernos olvidar que todo lo que separa, Dios lo relaciona. No hay que separar jamás los dos polos de la relación, pero "distinguir para unir", expresión que amaba Jacques Maritain. Distinguir sin separar jamás, y unir sin confundir jamás, ésa es la luz de la Torá y de toda la Biblia, inscripta ya en la creación. Será la ley dogmática que los Concilios Ecuménicos formularán con respecto a la fe en la Trinidad y en la Encarnación de Dios en el Hombre. Esos dos dogmas son evocados por los dos candelabros con los que el obispo bendice en las liturgias ortodoxas: uno de tres cirios y otro, de dos.

La tiniebla

Precisamente, en los primeros Días del Génesis, Dios opera diferenciando los elementos confundidos en el abismo primitivo: luz y tinieblas, aguas de arriba y aguas de abajo, tierra y mares. Así, la tierra informe queda formada y puede entonces, en los últimos días, ser poblada por los vivientes, animales y hombres creados en relación de comunicación con la tierra, con las aguas y entre ellos, con miras a su transformación venidera.

Dios divide entre la luz y entre la tiniebla.

Esta traducción literal subraya bien la delimitación que se inscribe entre la tiniebla primordial, que podríamos decir fue creada en el silencio del tiempo cero, y la luz original creada por la Palabra. Luz y tiniebla quedan así inseparablemente diferenciadas y relacionadas. Quedan diferenciadas por el hecho mismo del empleo de dos palabras diferentes que forman una de las "parejas" frecuentemente nombradas en la Biblia, y por la manera misteriosa en que es *creada la tiniebla* y la manera clara en que es *formada la luz:*

Yo, el Señor, Yo formo la luz y creo la tiniebla.

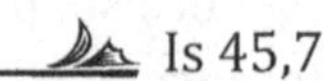 Is 45,7

Saca de la tiniebla las profundidades y hace salir las sombras a la luz.

Job 12, 22

La luz germina para el justo.

Sal 97,11

Tu Luz germinará en la tiniebla.

Is 58,10

El proceso más fácil de imaginar en el trasfondo de nuestro texto es, finalmente, una intervención de Dios sobre un caos tratado con diversas armas. Arrebatada en el dinamismo de las imágenes de teofanía, la luz ejerce una acción semejante a la de las otras armas de Dios, y a la de toda arma, es decir, una acción negativa, separadora, que hace retroceder...

Paul Beauchamp

Como lo hace con su palabra, su soplo o su mano, Dios toma la luz como un arma para "vencer", en cierto sentido, el caos tenebroso del abismo, que se convertirá en símbolo de fuerzas malignas.

El autor de las montañas, el creador del soplo,
que revela al hombre su designio
y produce la aurora de la tiniebla,
se llama Señor-Dios-Sabaoth, Dios-de-los-ejércitos.

Am 4,13

Su mano traspasó a la Serpiente que huía.

Job 26,13

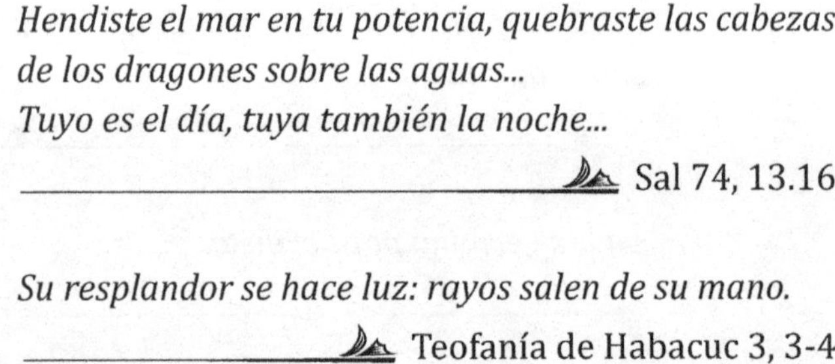

Hendiste el mar en tu potencia, quebraste las cabezas
de los dragones sobre las aguas...
Tuyo es el día, tuya también la noche...

Sal 74, 13.16

Su resplandor se hace luz: rayos salen de su mano.

Teofanía de Habacuc 3, 3-4

San Pablo habla de la armadura de Dios, de las armas de luz, *de la espada del Espíritu que es la Palabra de Dios* (Rm 13,12; Ef 6,13-17). El último combate, el Día del Señor, muestra al que tiene *en su boca la espada afilada de doble filo* (Ap 1, 16; 19, 15) para indicar que se trata de la espada de la Palabra, del arma de luz. El Día último corresponderá al Día original, y, acabada su victoria, revelará su cumplimiento.

La Ley del Día Uno

Lo que diferencia también la luz de la tiniebla es el hecho de que a cada una de ellas Dios clama su nombre, y lo clama de manera diferente:

Dios clama a la luz: "¡Día!"
A la tiniebla clamó: ¡"Noche!"

Esta diferencia verbal relaciona la tiniebla al caos anterior, pero por el nombre de *Noche*, la tiniebla adquiere su estatuto original en relación con el día. Pues si la luz del Día Uno es la luz original, y no aun la luz diurna y nocturna de las lumbreras del cuarto Día, ella se manifiesta igualmente, para los autores de nuestro relato, por la experiencia del ritmo cotidiano sobre el cual se termina la creación tan simple y compleja del Día Uno: la *tarde,* la *noche,* la *mañana,* el *día.* Llegamos a la admirable ley del Día Uno: la unión de los contrarios sin separación ni confusión. Tiniebla y luz, diferenciadas, se relacionan sin confundirse, alternándose en la ronda de noche y días. Esta ley subyace en el relato de los seis Días y en la revelación bíblica:

Contempla las obras de Dios:
Van todas dos por dos, una frente a la otra.

Si 33,15

¿Por qué esta dualidad universal? ¿Para que los elementos opuestos, perezosamente, se ignoren o para que violentamente se destruyan, absorbiéndose uno al otro? Separación y confusión deben dar lugar a la justeza de la relación. Las parejas universales existen para desposarse en correspondencia mutua; existen para dialogar y responderse uno al otro, para cumplir una creación en perpetua génesis. Esta dualidad no es dualismo maniqueo, tan frecuente en nuestras maneras de pensar y de vivir. No hay un dios luminoso del Bien, ni un dios tenebroso del Mal. Hay un solo Dios, Luz y Tiniebla profunda, sin ningún rastro de mal. Toda la creación es dual, dos, en relación con el Dios Uno. Por eso, según la tradición judía, la Biblia comienza por la segunda letra del alfabeto hebraico, *Beit*, escrita en las ediciones hebraicas judías con una grafía especial, ampliada. Esta letra *Beit* significa *casa*. Ella es el arquetipo de toda *forma*, que diferencia y relaciona un adentro y un afuera, para evitar todo formalismo cerrado y alienante y todo caos informal y destructor. La casa tiene sus puertas y sus ventanas, que se abren y se cierran sobre el vacío interior poblado de una presencia, y lo relacionan por el exterior con otras casas. Ese vacío permite entrar y salir libremente y hace habitables la casa, la creación, la tierra.

Noche y Día

La ley del Día Uno se revela en el ritmo más universal: el ritmo cotidiano de cada uno de los días de nuestra vida. Ese ritmo es a la vez uno y ternario, creado según un compás de tres tiempos. El tiempo primero es la noche, cuya tiniebla envuelve todo lo que

existe y da a la vida diurna su fuerza renovada gracias al reposo
de su silencio y su vacío: es el tiempo fuerte, reservado sobre todo
a la plegaria, al amor y al sueño. El tiempo segundo es el día, que
dispensa hacia fuera su fuerza, creando el diálogo de la palabra
y el trabajo de la acción. El tiempo tercero o alterno liga a los dos
tiempos interno y externo, haciéndolos alternar en una danza rit-
mada gracias a las *puertas del amanecer y del atardecer* (Sal 65,9).
Ritmo natural, admirable, fecundo. Es un secreto que el hombre
urbano olvida demasiado en el seno de un mundo que consume
a los hombres y produce una deshumanización, queriendo dominar la tierra y alcanzar el cielo. Pero el relato del Génesis enseña
al hombre, llamado a ser rey, las humildes leyes de la creación.

A fuerza de menospreciar el tiempo de la noche, de restringirlo
o profanarlo, vivimos el tiempo diurno de manera desmesurada,
precipitada y angustiante. Luego, aplastamos y reducimos a nada
ese tiempo sagrado que son el atardecer y el amanecer, olvidan-
do orar a nuestro Creador en esas horas tan misteriosas. Judíos
y cristianos establecieron el ritmo de las plegarias nocturnas y
diurnas: Vísperas de la tarde y Laudes de la mañana son las puertas de la plegaria, las horas más solemnes, que siguen teniendo
vigencia en los países donde se guarda la fe.

Y atardece y amanece

El relato del Día de luz se acaba por un estribillo que será re-
tomado en cada uno de los cinco Días siguientes:

Y atardece y amanece: Día Uno.

No Día primero, sino, según el texto hebreo, *Día Uno*. No es sólo
el primero de una serie al que luego se supera y olvida: es el tiempo original y continuo, todavía no cronometrado por los astros, ni
cronológico en la historia. Es el *uno* subyacente a los otros Días,
a imagen de Dios. "¿Por qué se escribió: *Día Uno?* Porque Dios es
Uno y único en el universo" (Rachi). Este ritmo uno y primero vie-

ne a objetar a aquél al que nos somete nuestra naturaleza inváli-
da y cegada por el pecado: la mañana con miras a la tarde, la luz
para la tiniebla, y finalmente, la vida para la muerte. No. La tarde
precede, y por la noche y su tiniebla, nos conduce a la mañana,
hacia el día y su luz. Ese ritmo triádico y vital forma el Día Uno,
base una y única de la creación y de la historia. Representa una
conversión de nuestra habitual visión de las cosas. Nos invita a
salir del sueño, comparado a la muerte por Jesús (Jn 11, 9-14), a
salir del sueño del alma y de la muerte para entrar despiertos en
la luz de vida y convertirnos en hijos de luz.

> *Mientras tenéis la Luz, tened fe en la Luz,*
> *para que seáis hijos de la Luz.*
>
> Jn 12, 36

> *Vosotros sois hijos de luz e hijos del día...*
> *No dormimos como los otros, que se emborrachan de*
> *noche;*
> *seamos sobrios y vigilantes, nosotros que somos del día,*
> *revestidos con la coraza de la fe y del amor,*
> *con el casco de la esperanza de salvación...*
> *La salvación por Nuestro Señor JesuCristo,*
> *muerto por nosotros,*
> *para que, vigilantes o durmiendo,*
> *vivamos junto con Él.*
>
> 1 Tes 5, 5-10

El aliento vital

Hacerse hijo de la luz, hijo del día, del Día Uno, es caminar con
la lámpara de la que tan a menudo nos habla la Biblia:

> *La lámpara del Señor: el soplo del hombre,*
> *que penetra hasta lo profundo de sus entrañas.*
>
> Pr 20,27

Unido al soplo del Espíritu de Dios que va y viene sobre nuestro abismo, el movimiento de nuestra respiración es una lámpara del Señor que purifica, vivifica y libera nuestro cuerpo y nuestra alma, nuestras energías psicosomáticas condicionadas por la herencia y la sociedad. Por una respiración más lenta, una espiración más profunda, el sueño nos conduce hasta el despertar a la vida despierta, hacia una inspiración más fuerte.

> ¿Quieres estar sereno?
> Respira suavemente ante la llama sutil
> que hace con calma su trabajo de luz.
>
> *Gastón Bachelard*

El espíritu y el Espíritu

Esta respiración humana nos conduce al espíritu, que es un soplo de libertad salido del Espíritu creador, para que cumplamos nuestro camino en la tierra.

> *Tu Palabra, lámpara a mis pies, Luz en mi senda.*
>
> *Sal 119, 105*

Por la audición de la Palabra de Dios viene la fe (Rm 10,17) y la fe es una relación de verdad con Dios: *El que hace la verdad, viene hacia la Luz* (Jn 3, 21; 6, 35.68.69; 7,37-38). Es una marcha en la noche iluminada por las palabras de vida. Esta lámpara del camino nos conduce a una luz que nos hace ver todas las cosas con una luz nueva, la luz del corazón.

> *La LÁMPARA del cuerpo, es tu ojo. Si tu ojo es simple,*
> *todo tu cuerpo es luminoso...*
> *como cuando la lámpara te alumbra*
> *con su esplendor.*
>
> *Lc 11,34*

> *Puso su ojo en su corazón.*
>
> *Si 17,8*

Yo duermo, mi corazón vela.

 Ct 5,2

La luz es la Palabra de Dios *que ilumina los ojos de nuestro corazón* (Ef 1, 18) para hacernos vivir una comunión fraterna con las criaturas, una comunión filial con el Creador. La lámpara de Dios conduce al que la usa desde el sueño al despertar, de la muerte a la vida, de la irrealidad a la Realización, que es la comunión en el Uno. En su peregrinación a la India en 1963, el Papa Paulo VI citó al Brhadaranyaka Upanishad: "De lo irreal, condúceme a la Realidad; de la tiniebla, condúceme a la Luz; de la muerte, condúceme a la Inmortalidad".

Hay una luz diurna, clarificadora y esplendorosa, radiante y chispeante, luz de gloria y de cosecha, que se refleja en nuestra vida consciente, en la acción y el trabajo y en las realizaciones. Y hay una luz nocturna y sombreada, silenciosa y vigilante, sembradora y maternal, que se refleja durante la noche en nuestra vida inconsciente y sub-consciente, en los sueños, los ensueños, la inspiración. Y las dos colaboran, como el derecho y el revés de un mismo tejido, como la conciencia y el inconsciente en nuestra vida psíquica, como el Verbo y el Espíritu en la vida espiritual.

En la actividad espiritual, a la vez interior y exterior, el ojo del corazón reposa y dormita en la vigilia de los días por el llamado de la conciencia a la fuente del espíritu: *Alzo los ojos hacia Ti...,* *Señor nuestro Dios* (Sal 123). Y el mismo ojo del corazón obra y vela en el sueño de la noche por la plegaria, las "visiones" y la contemplación: *Yo duermo, mi corazón vela* (Ct 5,2).

Purifiquémonos en la luz simple del Día Uno.

Hijos e Hijas del Día Uno

Los hijos del Día Uno son los más raros. Hijos de la luz, en el seno de la noche o en el recodo de las tardes y de las mañanas, dan a quien los mira una mirada más límpida que lúcida; una mirada de alegría secreta, jamás ácida; una mirada sin sombra.

Como la mirada del niño o del viejo pastor, a veces la mirada del poeta, siempre la mirada del santo. Mirada del corazón, que sólo ve lo esencial, ese *único necesario que es el Uno* (Lc 10, 42), el hilo invisible que une a todos los seres y las cosas y los une en el Uno. Clara fuente del corazón que mana su luz de vida; ojo-fuente que recibe y ofrece una presencia, una simple afirmación de la vida que lo atraviesa todo. Mirada velada del ciego que se recoge en la fuente de sí mismo y de todas las cosas, y ve mejor al Uno, al Día inagotable de la luz invisible y clarividente.

Decirse: "¡Buen día!", ¿no podría ser el don de una mirada así? Lavemos nuestra mirada en aquélla, fresca y asombrada, de los niños, y a veces en el vasto cielo. Llamémonos unos a otros en esta libre mirada abierta a lo posible.

¡Ah, si pudiéramos beber en esta fuente, invertir, recoger la mirada en la Presencia íntima, en la luz interior, cautiva en el hueco de las *tinieblas exteriores,* olvidada por el universal *rechinar de dientes*! Esa inmersión nos haría ver todo, y a nosotros mismos, con una luz nueva, la del Día Uno.

En la noche cada vez más espesa, podremos ver los ritmos que fluyen de día en día, de rostro en rostro, de generación en generación, de ser en ser.

> La pobreza es como una gran luz en el fondo del corazón.
>
> — Rilke

> *Bienaventurados los pobres por el Espíritu, de ellos es el Reino de los Cielos.*
> *Bienaventurados los corazones puros, ellos verán a Dios.*
>
> — Mateo 5

> Frente a las tinieblas, a las bestias de la sombra, resistir hasta la mañana.
> ¡Oh muerte tan dulce! ¡Oh mañana única! ¡Alba fresca y profunda!

El alma se encuentra allí en su elemento natal, infinitamente más pura que el agua más pura, esta Luz increada que baña la creación entera: *En Él estaba la Vida, y la Vida es la Luz de los hombres.*

Bernanos

Bendice, alma mía, al Señor, Señor Dios mío, eres muy grande,
Te revistes de majestad y resplandor.
Él Se cubre de luz como de un manto...

Salmo cósmico, 104, 1-2

¡Oh Noche, en que los seres son convocados y se reposan
en la raíz de las selvas y en las fuentes del océano,
suspendidos y entregados a la luz del agua lunar!
Allí se funden y se transforman
según las líneas curvas y acostadas de la copa y del seno.
Reposo en la paz del sueño y de su ayuno.
Plegaria de soledad, silencio de vigilia.
Descenso otoñal
en que el grano muere y germina el fruto abundante.
Orar, ¿no será acaso entrar despierto
en el sueño de la noche?
Resucitar, ¿no será acaso entrar despierto en la muerte,
caminando en la noche luminosa del Padre a quien
nadie ha visto?

¡Oh luz de la noche,
sombría y sombreada, sembradora y vigilante,
en que el ojo escucha la voz de un silencio tenue!

Caminar como Hijos de luz
en los Días en que se forman, se llaman y se disciernen
todos los seres,
cada uno según su forma y su especie,

según su nombre y su lugar en el Árbol de los siete Días,
el candelabro de frutos de oro.

Crecen y se multiplican en la fuerza del fuego solar,
según las líneas de la espada y del cetro,
en el hambre de los combates y el trabajo de los días.

Ascenso primaveral de Pascua.
Obrar, ¿no será acaso
entrar calmo y dispuesto en la luz del día?

Vivir transfigurado, ¿no será acaso entrar consciente
en el día de nuestra muerte, cargado del fruto de
nuestra vida?

¡Oh Luz del Día,
chispeante y esplendorosa, de gloria y de cosecha,
en que las dos manos se levantan
para la ofrenda del canto!

DÍA SEGUNDO:
El firmamento entre las aguas

6   *Dios dice:*   *"Habrá una bóveda en medio de las aguas*
y dividirá entre las aguas y las aguas."
7   *Dios hace*   *la bóveda y divide las aguas bajo la bóveda*
de las aguas sobre la bóveda.
Y así es.
8   *Dios clama*   *a la bóveda: "¡Cielos!"*
Y atardece y amanece: Día segundo.

n una admirable visión, Job describe la juntura del Día Uno y el Día segundo:

Traza un círculo sobre la faz de las aguas,
en los límites de la luz y la tiniebla.

Job 26, 10

El firmamento

Sobre el fondo tenebroso del tiempo Cero, el Dios trascendente traza un círculo, frontera en la superficie de las aguas primordiales. De nuevo la Palabra crea por un gesto cortante: las aguas de arriba, aguas fertilizantes y brillantes, se distinguen netamente de las aguas de abajo, aguas abundantes, sombrías y peligrosas de los mares, tal como las ve el espectador bíblico, y nosotros también. El círculo del horizonte, línea imaginaria en el espacio horizontal, traza una dirección vertical, esencial en la Biblia, entre el mundo de lo alto, trascendente, y el mundo de abajo, inmanente.

Para los antiguos semitas, el firmamento es la bóveda de una cúpula sólida, que retiene las aguas superiores; a través de sus puertas caerán las aguas del Diluvio (7, 11). Para ellos, el mundo es un inmenso templo doble: el templo celestial y el templo terrestre, cuya imagen son los templos dibujados o construidos en el espacio. Para los autores sacerdotales de nuestro relato, Dios, el único Santo, el Santo de Israel, habita en los Cielos, que es trono y templo a la vez. Cuando crea, lo hace por "separación": en los tres primeros días, construye por la espada de su Verbo, forma un cosmos organizado y orientado, y luego una tierra habitable, un mundo que jamás habrá que confundir con el Dios tres veces Santo. *Los cielos son los cielos del Señor; la tierra, la dio a los hijos del hombre* (Sal 115, 16).

A diferencia de los panteísmos, para quienes Dios se confunde con el mundo en una sola realidad sagrada, la Biblia personaliza lo sagrado en santidad de Dios *(qadosh)*. Pero la Ley de santidad sacerdotal revela que el Señor quiere comunicar su santidad: *Consagraos y seréis consagrados, santificaos y seréis santificados, pues Yo soy Santo, Yo, el Señor vuestro Dios* (Lv 11, 44; 19, 2; ver Ex 22, 30; 19, 6; 1 P 1, 16). La razón de ser del templo es recordar que el espacio, el tiempo y todas las criaturas están llamados a la santificación. Esta consagración proviene de la Palabra y del soplo del Espíritu de Dios, que obran no sólo al comienzo de la creación, en su concepción, sino en su crecimiento y su transformación a lo largo de la historia y de las edades de la salvación. Sólo Dios crea y sólo Él comunica su santidad al hombre creado a su imagen. La comunica en su Gloria y su *Shekina,* su Presencia santa, la misma que llena la Tienda de reunión y el templo. La consagración o santificación llegará hasta la "deificación" anunciada por Jesús (Jn 10, 34-35; Sal 2, 6), que se realiza habitualmente gracias a la Liturgia, a su templo y a sus sacrificios, y a los sacramentos. Esta pedagogía divina puede preservarnos de dos actitudes: por una parte, de la falsa sacralización como monopolio de un clero privilegiado y separado; por otra parte, de la de-sacralización por confusión del mundo con el Creador, del hombre con Dios, postura absurda que es consecuencia de la primera. Templo material y liturgia humana cumplen la función de condensadores de las vivientes energías de Dios, destinadas a santificar al hombre según una pedagogía de fe y de amor, de participación y de responsabilidad. Según el sentido de su nombre, la *liturgia* es la *acción del pueblo*: nada menos clerical y pasivo que una liturgia auténtica. Todos somos co-celebrantes, cada uno según su función en la asamblea, como las criaturas en la creación. Reencontramos aquí la ley de distinción y de unión.

Como cristianos, no confundamos las energías divinas de Palabra y de Espíritu con las Personas del Verbo-Hijo y del Espíritu Santo, por quienes recibimos esas energías increadas. Y no debemos confundir la presencia del Dios único y personal y de sus energías, su Gloria y su Nombre, su Gracia y su Verdad, con las realidades creadas que son sus símbolos: soplo y palabra, luz, fuego, agua, pan, vino, aceite, templo y gestos rituales. A través de estos símbolos, dichas energías trabajan para nuestra santificación, para nuestra transformación. Pero no deben convertirse en ídolos, sino ser humildes caminos al servicio de la consagración del hombre y del mundo, al servicio de nuestra unión íntima y fecunda con el Creador. Por eso, los símbolos más eficaces de la Presencia divina son el hombre, imagen de Dios, y el silencio que nos conduce de la imagen a la realidad que ella representa. Los romanos quedaron estupefactos cuando descubrieron que el santuario del templo de Jerusalén estaba vacío; y para ellos, judíos y cristianos eran ateos, "famosos por el desprecio de las divinidades" (Plinio).

La obra del segundo Día indica simultáneamente la trascendencia santa y la inmanencia vivificante. Las indica uniendo el doble movimiento descendente y ascendente de las aguas con la estructura vertical del mundo de arriba y del mundo de abajo que ellas atraviesan, es decir, con la bóveda del templo cósmico. Por eso, la bóveda extendida entre las aguas es llamada *Cielos*. Esta bóveda estaba reproducida en una placa de oro o de cristal situada en el santuario, y se le apareció a Ezequiel en su visión de la Gloria divina: bóveda que separa el Trono de Dios del mundo creado.

> *Sobre las cabezas de los Vivientes* (Kerubim)*:*
> *algo como una bóveda resplandeciente de cristal...*
> *Por encima de la bóveda la visión de una piedra de*
> *zafiro, algo como el Trono.*
>
> Ez 1, 22.26

El cielo es uno de los símbolos más simples y siempre presentes de la presencia del Creador. "Y tanto cielo para tan poca tierra..." (Armel Guerne). El cielo es un símbolo real de la inmensidad y de la infinitud del Dios Altísimo, de su belleza y de la profusión de su luz y su vida; también de su vacío profundo, silencioso, nocturno. Gracias a su onmipresencia en todo tiempo y en todo lugar, el cielo representa la estabilidad y la inmutabilidad divinas, y de allí proviene, en la Biblia, su nombre de firmamento, de Trono y de Templo del Altísimo.

Las aguas

Sin embargo, las aguas son el elemento mayor de este segundo Día, aunque reciban su nombre, *mares*, sólo en el tercero, cuando la tierra emerge de las aguas de abajo.

> El agua es una gran realidad, el más hermoso de los cuatro elementos que se manifiestan en el mundo. Los cielos, morada de los ángeles, fueron hechos a partir de las aguas; la tierra, país de los hombres, viene de las aguas; antes que ninguna criatura fuera elaborada en los seis Días, el Espíritu de Dios se movía por encima de las aguas. El agua es el principio del mundo; y el Jordán, el principio de los Evangelios... El agua está presente allí donde se sellan las Alianzas.
>
> San Cirilo de Jerusalén.
> *3ª Catequesis bautismal*

Shamaim, "cielos", está compuesto de dos palabras
que significan "allí hay agua", o bien "fuego y agua",
unidos para formar los cielos.

Rachi

La significación natural y universal del agua se pone de manifiesto claramente: el agua es instrumento de muerte, de vida y de comunicación, tanto en los planos físico y psíquico como en el plano espiritual. Más importante aun que la limpieza y la purificación, la función del agua consiste en hacer morir y hacer vivir, y facilitar la comunicación.

Potencia destructora y mortal: maremoto e inundaciones, tempestades y naufragios son las formas agresivas del agua de muerte; sequía y sed son sus formas pasivas. El agua es sepulcro y arrebato, disolución de toda vida y fin del tiempo; angustia, vejez y hundimiento en el abismo inferior, tenebroso y frío; sueño perpetuo, disolvente universal y océano de la Muerte. El agua es también purificadora, fuerza de eliminación, muerte del "hombre viejo". Las grandes aguas agitadas e insondables de los océanos representan el mundo hostil de los invasores o las fuerzas malignas.

El abismo declara: no contengo la Sabiduría,
y el mar declara: no está en mí.

Job 28, 14

Sobre esas aguas de abajo, la Palabra de Dios tiene una potencia victoriosa, como ya vimos (Sal 89, 10; 65, 8; Jb 26, 12-13). En el quinto Día, serán fecundadas y se tornarán vivificantes (1, 20-21; Sal 104, 25-26; Sal 148, 7). El Espíritu de Dios sopla sin cesar sobre ellas (1, 2).

En la inmersión (del bautismo), como en la noche, no
habéis visto nada. En la emersión, por el contrario, os
habéis encontrado como en pleno día. En el mismo
momento habéis muerto y habéis nacido. Esta agua

saludable se convirtió para vosotros en un sepulcro y en un seno materno.

       San Cirilo de Jerusalén. *Op. cit.*

Morimos al pecado... Todos nosotros, los sumergidos (bautizados) en JesuCristo, hemos sido sumergidos en su muerte. Hemos sido sepultados con Él por la inmersión en su muerte, para que, como el Cristo resucitó de entre los muertos para la gloria del Padre, nosotros caminemos también en la novedad de la vida.

       Rm 6, 2-4

Potencia constructiva y vivificante: el agua es el medio en que nace la vida en el planeta tierra y en el seno materno; ella nutre esta vida por las lluvias y los manantiales. El agua es seno materno, surtidor de vida y origen de nuestro tiempo, nacimiento, infancia y juvencia, curso y recurso, puerta bautismal del Reino. En Medio Oriente, más aun que entre nosotros, el agua es una necesidad urgente y hace surgir el paraíso en los desiertos. Las aguas de Siloé, el manantial del canal de Jerusalén, son fuente de paz (Is 6, 6) y de alegría en medio del tumulto (Sal 46). El agua de la Vida se convertirá, en los profetas judíos y cristianos (Apocalipsis), en el símbolo viviente de la Vida mesiánica y de la Vida eternamente nueva.

Puerta de muertes, puerta de nacimientos y de resurrecciones, el agua es también camino y puerto de todas las comunicaciones: vía fluvial y marítima, navegación universal, y desde ahora ríos del Paraíso y así símbolo de las energías divinas.

Agua fresca para una garganta sedienta,
así son las buenas noticias recibidas de un país lejano.
Como el agua refleja el rostro al rostro,
así también el corazón del hombre para el hombre.

       Pr 25, 25; 27, 19

Los hebreos cavaban sin cesar pozos nuevos, alrededor de los cuales sellaban alianzas y entonaban el canto:

> *¡Sobre el Pozo, respondedle! Pozo que cavaron los Príncipes, que excavaron los jefes del pueblo con el cetro y el cayado.*
>
> Nm 21, 17-18

Los encuentros y las alianzas conyugales de Isaac, Jacob y Moisés con Rebeca, Raquel, Séfora, se realizaron junto a pozos, bajo el signo del *ojo de las aguas* (24, 13 y sgts; 29, 10-11, Ex 2, 16-21). Moisés hizo surgir el agua de la roca en el desierto y el apóstol Pablo sintetiza "el ciclo del pozo" al escribir: *Bebían de una Roca espiritual que caminaba con ellos, y esta Roca era el Mesías* (Nm 20, 8; 1 Co 10, 4).

Podemos indicar un último sentido simbólico: el movimiento descendente y ascendente de las aguas pasa por *el medio de las aguas.* Esta realidad del medio y del centro es importante en la Biblia y en todas las tradiciones antiguas. Centro del mundo, *ombligo* del país (*Thabor*, en hebreo), es un lugar elevado en el que convergen y de donde irradian las energías de vida, como sobre el Monte Thabor en el momento de la Transfiguración de Jesús. Por él pasa el camino vertical, el viaje de descenso y de ascensión: escala de Jacob, camino de mediación, fuente surgente del templo o del árbol de Vida (28, 10-22; Ez 47, 11-12; Ap 22, 1-2), árbol de la Cruz (Jn 19, 34). Este punto central nos indica la trascendencia de la fuente de vida que brota en los lugares más altos y desciende hacia las profundidades, la fuente de las bendiciones, *Beithel, casa de Dios y puerta de los Cielos* (28, 17.19).

El templo y el cosmos

En el Día segundo, por esta verticalización y distinción de las aguas de abajo y las aguas de arriba, la materia parece tomar forma y estructura, al modo de una construcción cuya cúpula es una bóveda donde pronto se encenderán las luminarias: es un *cosmos*, un mundo *ordenado*, armonioso. A través de la construcción vertical y celestial, surge, descendiendo y ascendiendo, el agua, la energía que pronto dará nacimiento a la vida. Los tres días siguientes formarán como el triple seno materno del hombre: seno de nuestra madre tierra, separada de las aguas pero irrigada por ellas; seno cósmico de los astros celestiales que nos orientan; seno de las aguas-madres para hacer pulular los vivientes.

En cuanto al término de la acción creadora revelado por las comparaciones [entre el texto del segundo Día y las tradiciones bíblicas y del Medio Oriente], hemos visto el lugar que allí ocupa el santuario de Dios. Esto aporta una luz sobre nuestro texto, fundando una homología:

Creación		Creación
------------	=	---------------------
santuario		tiempo sagrado.

Así se afirma la interpretación de *ruah Elohim* (Espíritu de Dios), único término aparentemente sin correlato en nuestro texto: esta correlación parece tener que realizarse en un *momento* más que en un lugar. Si el heptamerón es un prefacio al conjunto del documento, esta correlación puede estar diferida hasta más allá del presente relato. El predominio del aspecto temporal, realzado por el final sobre el shabat y no sobre el santuario, no excluye una redistribución espacial, que no es ni el templo-montaña, ni el templo reflejo o duplicado. En el nivel del texto, ésta se expresa en la fórmula *el cielo y la tierra y todo su ejército*, ampliando el mismo principio de separación a todo lo creado, sin hacer un centro ni del cielo ni de la tierra.

Paul Beauchamp

El centro es trascendente a la creación, es la Palabra que delimita en el medio de las aguas el mundo celestial trascendente y el mundo terrestre. Esta Palabra cortante es fuente de luz, pero también de vida, pues ella está ligada y orientada hacia el soplo del Espíritu que aletea sobre las aguas y reposará sobre ellas el séptimo Día, en un shabat de reunión y de comunión. Esta Palabra y este Espíritu hacen del cielo y de la tierra, de la creación entera, el templo cósmico creado, cuyo centro verdadero será el templo que es el hombre: *Vuestro cuerpo es el templo del Espíritu Santo que está en vosotros* (1 Co 6, 19). *El templo de Dios es santo y ese templo, sois vosotros* (1 Co 3, 17). *En Él* (el Cristo) *toda construcción se ajusta y se eleva para formar un templo santo en el Señor; vosotros estáis juntos, integrados en la construcción para convertiros en casa de Dios en el Espíritu* (Ef 2, 21-22).

> *Yo, la Sabiduría…. el Señor me engendró como primicia de sus caminos,*
> *antes de sus obras más antiguas…*
> *Me ungió en los inicios, antes que la tierra.*
> *Cuando no existían los abismos fui engendrada,*
> *cuando no había fuentes gloriosas de agua…*
> *Cuando afirmó los cielos, y grabó el círculo sobre la faz del abismo…,*
> *cuando consolidó el aire en las alturas*
> *y afianzó la aguas del abismo…*
> *Allí estaba yo, como arquitecto a su lado,*
> *y era yo sus delicias de día en día,*
> *jugando ante su Faz en todo tiempo.*

Pr 8, 22-24.27.28.30

El arquitecto, por la disposición que conoce, construye el edificio de piedra como un filtro en las aguas de la luz de Dios, y da su oriente a toda la construcción, como a una perla.

 Paul Claudel

Y la creación entera era como una torre,
que se eleva por encima de un inmenso palacio,
y el tiempo y el espacio marcaban los relevos,
y los días de dicha eran como un solo día.

Charles Péguy

Entrad como piedras vivas en la estructura de una casa
espiritual,
para ser un sacerdocio santo,
para ofrecer sacrificios espirituales.

1 Pedro 2, 5

Hijos e Hijas del Día segundo

Los hombres del segundo Día, un poco menos raros que los del Día Uno, son hijos e hijas del Cielo y del agua que dibujan la arquitectura del cosmos en forma de templo y de arca. Trabajando sobre las cosas y sobre sí mismos, se construyen lentamente como arca viviente, casa de carne, de corazón y espíritu. Son a la vez naturales y artificiales. Su único artificio es el arte de ejercitar su naturaleza, modelando su cuerpo viviente. Yoguis, zahoríes de agua viva, son constructores lentos y calmos, hijos continuos del cielo. En ellos, la naturaleza ha prodigado un doble sentido: el sentido de la distinción y de la diferencia, de la diversidad y del matiz, forma singular de cada ser; y el sentido del origen y de la fuente, de la justeza en la que todas las diferencias encuentran su razón de ser, su acorde y su acuerdo. Son mujeres y hombres exactos y flexibles a la vez, sólidos y fluidos, construidos y transparentes. Conocen el arte de abrir y cerrar, de entrar y salir, de escuchar y hablar, de dormitar y velar, de ayunar y desayunar, de soñar y actuar. Conocen el placer y el dolor, la soledad y la comunión, la creación y el reposo. Casas vivas de formas plenas, plenas de vacío, un vacío pleno de presencia. Artesanos del trabajo bien hecho, de la forma justa, de la ascesis armoniosa, la del "gay sçavoir", aprenden a conjugar las fuerzas contrarias, como pere-

grinos enamorados de la más alta fuente, la que desde adentro tiene sed de manar y ser bebida.

Ejercitarse en la posesión, el conocimiento y el don de sí mismo, ¿no es acaso construir el arca interior, tesoro de secretas simientes, e instruirse en la fuente sellada? ¿No es acaso tener en mano la forma interior, para estar fresco y dispuesto como un manantial para quien venga?

Ceñirse los riñones de fuerza y frecuentemente, mantenerse erguido, ajustar el equilibrio en la distensión y la respiración gracias a los gestos en los que se introduce la justeza de lo que viene: río de dos orillas que se dilatan y se desposan por la fuerza del agua, fuerza de muerte y de vida, matriz de todas las cosas.

El santo es el hombre que sabe hacer surgir de las profundidades de su ser *el agua viva*, de la que el Cristo hablaba a la samaritana. En cada uno de nosotros, está la cisterna profundamente abierta bajo el cielo. Sin duda, hay en la superficie un montón de restos, de ramas rotas, de hojas secas, de donde sube un olor de muerte. Sobre ella brilla una especie de luz fría y dura y es la de la inteligencia razonante. Pero por debajo de esta capa malsana, está el agua tan limpia y tan pura, y esta Luz increada que baña la creación entera: *En Él estaba la Vida y la Vida es la Luz de los hombres...* Si pudiéramos detectar la esperanza como el zahorí descubre el agua subterránea, veríamos que la varita de avellano se tuerce al acercarnos a los pobres. El pobre no es un hombre a quien le falta lo necesario: es un hombre que vive pobremente, siguiendo la tradición inmemorial; que vive al día del trabajo de sus manos; que come en la mano de Dios, según la antigua expresión popular; que vive también de la fraternidad de los otros pobres, de los mil pequeños recursos de la Pobreza, de lo previsto y de lo imprevisto. Los pobres tienen el secreto de la esperanza.

⟶ Georges Bernanos

Cubres [la tierra] *con el manto del abismo,*
sobre las montañas están las aguas.
Huyen ante tu bramido, ante la voz de tu trueno se
precipitan...
Envía las fuentes a los torrentes, y manan entre los
montes.
Abrevan a todos los animales del campo,
los asnos monteses en ellas apagan su sed...
Riegas los montes desde tus altas moradas,
se sacia la tierra con el fruto de tus obras.

⟶ Salmo cósmico, 104, 6-13

Ven, agua, hermana mía, tan útil y humilde y preciosa y casta.
¿Quién eres, agua, sino la que siempre se da?
Y al darse, brilla y recibe la imagen del cielo.
Y al darse, purifica y lava.
Y al darse, busca el lugar más bajo.
Y al darse, es arrastrada hasta las más altas nubes, de donde desciende en forma de lluvia.
Y al darse, da vida a todo lo que vive.
Danos tu lección de vida, agua, hermana mía, madre mía.

⟶ Lanza del Vasto

El agua salía del lado derecho del Templo, al Oriente,
y las aguas brotaban del lado derecho.

⟶ Ez 47, 1-2

El cuerpo del Hombre

Destruid este templo y en tres días lo levantaré...
Hablaba del Templo de su Cuerpo.

Juan 2, 19.21

El último día de la fiesta, el más grande, Jesús está de
pie y grita diciendo:
"Si alguien tiene sed, venga a Mí y beba el que tiene
fe en Mí. Como dice la Escritura: De su seno correrán
ríos de agua viva."
Dice esto del Espíritu que iban a recibir los que tienen
fe en Él.

Juan 7, 37-39

Jesús dice: "¡Todo está terminado!"
Inclina la cabeza, entrega el espíritu.
Era la Preparación [pascual]... Vienen pues los solda-
dos a Jesús...
Lo ven ya muerto y no Le quiebran las piernas.
Pero uno de los soldados Le traspasa el costado con su
lanza, y enseguida sale sangre y agua.

Juan 19, 30-34

Por su inercia y por su peso, *el cuerpo* pertenece a la
materia; por su fuerza y su agilidad, a la vida.
Pero por su *forma* se pertenece a sí mismo. Es el único elemento que le pertenece en exclusividad, su ley
constante y su substancia...
Yo soy la forma, dice el cuerpo.
La forma supera en mucho lo visible.
La forma es la estructura íntima y el carácter. Es el
principio formador que, desde el interior, trabaja todas las células y las fibras. La forma es lo que trabaja,

no aquello sobre lo cual trabaja (la carne y la materia), ni el resultado del trabajo (la imagen y la figura)... Como el pájaro teje su nido para poner allí sus huevos, como el insecto protege sus larvas para el fin del invierno cuyo comienzo mismo no verá, así la Persona que presiente su ruptura y se estremece, busca un apoyo más seguro que la carne para depositar su forma. El alma no es lo que se expresa en la forma de la obra, sino el cuerpo, ese cuerpo glorioso hecho con la carne de los astros, del que está escrito que debe resucitar el Último Día [1 Co 15, 35-57]... Conmovido por el canto, mi cuerpo celestial se estremece con el presentimiento de su despertar.

 Lanza del Vasto

Posee tu cuerpo y conócelo. Es algo que te viene del exterior, una cosa entre otras que además se sumerge en el exterior como una sonda. Entre todas las cosas, es la única que sientes a la vez de afuera y de adentro. Es la única clave que pueda introducirte en la significación de todo lo demás.

Trátalo como a un extranjero, como a un amigo, como a un enemigo, como a la mujer de tu prójimo.

Es tu relación con todo, por él estás atado a la cadena de las causas. Despegado de él, eres libre de todo. El que es dueño de su cuerpo venció al mundo. El que conoce su cuerpo, ve todo desde dentro. Si estás hundido en tu cuerpo hasta por encima de los ojos, no puedes ver adónde te lleva su corriente.

Conocer el cuerpo es despegarse de él y mirarlo a distancia. Sólo hay conocimiento por la prueba y la contraprueba. Conocer es primero medir el vacío que crea la supresión de algo, y luego comparar la ausencia y la presencia.

Por eso, las privaciones son el instrumento del conocimiento del cuerpo.

Lanza del Vasto

Tu servidor se ejercita en tus caminos de justicia y de justeza,
en tus principios y preceptos, y en tus palabras.

Sal 119

Yo, el Eterno, sondeo con mi mirada el corazón y los riñones, para hacer producir a cada uno su fruto.

Jr 17,10

Escrútame, Señor, ponme a prueba,
sondea mis riñones y mi corazón.

Sal 26, 2

Ciñe tus riñones de fuerza,
levántate y marcha.

Jr 3, 17

Vosotros, ceñidos los lomos y las lámparas encendidas,
sed semejantes a hombres que esperan a su señor
cuando vuelva de las bodas.

Lc 12, 35

El Señor me ciñe de fuerza...
Hace mis pies como de ciervas y me afirma sobre mis alturas.
Tu diestra me sostiene y tu humildad me engrandece.
Ensanchas mis pasos ante mí y no titubean mis tobillos.
Te quiero, Señor, fortaleza mía, Señor, mi roca, mi baluarte, mi libertador.

Sal 18, 33-37. 1-2

Una mujer fuerte ciñe sus riñones de fuerza
y arma sus brazos de vigor.

Pr 31, 17

Venid a Mí, todos los cansados y cargados y os daré
reposo.
Llevad mi yugo sobre vosotros, aprended de Mí que soy
manso y humilde de corazón, y encontraréis reposo
para vuestras almas.
Sí, mi yugo es bueno y mi carga liviana.

Mt 11, 28-30

He aquí el Cordero de Dios, que lleva y quita el pecado
del mundo.

Jn 1,29

Quien quiera ser mi discípulo,
que lleve su cruz y Me siga.

Mt 16,24

DÍA TERCERO:
La tierra, salida de las aguas, hace aparecer la vida

9   *Dios dice:*   *"Las aguas debajo de los cielos se acumularán en un lugar único y se verá lo seco".*

Y así es.

10   *Dios clama*   *a lo seco: "¡Tierra!" y al cúmulo de las aguas clamó: "¡Mares!".*

Dios ve: *¡Qué bueno es!*

11   *Dios dice:*   *"La tierra verdeará de verdor, de planta que siembra su semilla, de árbol frutal que fructifica según su especie y lleva semilla en sí mismo sobre la tierra".*

Y así es.

12   *La tierra hace salir verdor, planta que siembra su semilla según su especie, árbol que lleva fruto con semilla en él según su especie.*

Dios ve: *¡Qué bueno es!*

13   ***Y atardece y amanece: Día Tercero.***

Como el Día Sexto, el de la creación del hombre, el Día Tercero engloba dos obras: la formación de la tierra que emerge de las aguas de abajo y la aparición de la vida.

Las seis direcciones

La tierra era caos y vacío, tiniebla sobre la faz del abismo, el soplo de Dios aleteaba sobre la faz de las aguas. Por un triple gesto de separación, que distingue permitiendo la relación, la Palabra del Creador corta en el caos de las aguas tenebrosas cinco criaturas que nombra con un nombre particular; y las divide según seis direcciones agrupadas dos por dos:

- Divide la luz de las tinieblas y distingue, para nuestros ojos, las dos direcciones horizontales: la tarde, el occidente; y la mañana, el oriente. Y nombra al Día y a la Noche.
- Divide las aguas de arriba de las aguas de abajo y distingue, a nuestros ojos, las dos direcciones verticales: el cenit y el nadir. Y nombra a los Cielos.
- Pone una frontera a las aguas de abajo y así deja aparecer el elemento seco, según dos direcciones horizontales, cuyo simbolismo bíblico las liga al pasado, detrás de nosotros, y al porvenir, delante de nosotros. Y atribuye la primera a las grandes aguas de los mares, las civilizaciones paganas; y la segunda a la tierra, la Tierra siempre prometida a su pueblo, Israel. Y nombra a los Mares y a la Tierra.

Así, la tierra ya no es caos informe, sino un elemento formado, una construcción delimitada en todas sus direcciones, y habitable. Las seis direcciones, unidas dos por dos, forman el senario universal de la creación de los seis Días:

- Del Día Uno: tiniebla-luz, al Día Cuarto: las luminarias;
- Del Día Segundo: aguas-cielo, al Día Quinto: los vivientes, peces y pájaros;
- Del Día Tercero: la tierra y el árbol frutal, al Día Sexto: los animales de la tierra y el Hombre y la Mujer, fecundos.

La correspondencia es innegable y fue subrayada muchas veces. Pone de relieve los tres arquetipos primordiales según las tres líneas de luz, de aguas y de tierra. Corresponde sobre todo al candelabro de siete brazos del santuario de Israel, que Moisés hizo modelar por sabios artesanos (Ex 25, 31-40; 37, 17-24). Según las tradiciones judías, el candelabro de siete luces corresponde a los siete Días de la creación, donde el Séptimo Día preside y cumple los seis días laboriosos de la semana.

A pesar de la ausencia del verbo *diferenciar*, notado en los dos primeros días y que encontraremos en el Cuarto (son los días ligados a la luz del mundo de lo alto, los cielos), el mundo de abajo toma forma por la acumulación en un lugar único de las aguas y por la aparición visible del elemento seco, los continentes. A esas dos criaturas así diferenciadas, Dios clama sus nombres: *Mares* y *Tierra.*

El nombre

Clamar el nombre es una costumbre hebraica y judía. El nombre representa la realidad esencial de un ser y su potencial dinámico, lo que es y la razón de su existir. Sólo cinco criaturas son nombradas por el Creador, las de los tres primeros días: el *día* y la *noche,* los *cielos,* la *tierra* y los *mares.* Son las criaturas de las que el hombre goza sin ser su amo omnipotente. Las criaturas de los días siguientes serán nombradas por los hombres que inventarán los nombres de los astros, de los animales y de sus hijos. El texto hebreo nota una diferencia verbal que ya hemos observado para la noche y que se renueva para los mares, como si éstos constituyeran el pasado con respecto al porvenir del día y de la tierra.

> *Dios clama a la luz: "¡Día!" Y a la tiniebla* **clamó***: "¡Noche!"*
> *Dios clama a lo seco: "¡Tierra!" y al cúmulo de las aguas*
> **clamó***: "¡Mares!".*

Noche y mares no existirán en la creación nueva (Ap 21, 1.25), mientras que los cielos y la tierra serán nuevos, y el Día sin ocaso brillará con la luz de los siete Días (Is 30, 26; Ap 21, 1).

La tierra

Si la tierra queda claramente delimitada con respecto al mar, sigue sin embargo ligada a él. Una vez más rige la ley de distinción sin separación y de unión sin confusión. ¿Qué sería de una tierra confundida con las aguas, sino el abismo del tiempo cero?

Es lo que se producirá en el momento del Diluvio, y simbólica-
mente, en el momento de invasiones enemigas. ¿Y que sería una
tierra enteramente separada del agua, sino un desierto sin manantiales ni oasis, una tierra estéril? Estas dos situaciones de la
tierra reaparecen frecuentemente en las descripciones bíblicas
para simbolizar las consecuencias de la ruptura de la Alianza del
hombre con el Creador.

En efecto, la *tierra* y el *pueblo* que la habita son, con *Dios*, la
tríada fundamental de la profesión de fe hebraica y judía. Un Dios
llama a un pueblo como testigo y le promete una tierra: el Señor
que hace Alianza por su Palabra, el Pueblo elegido, la Tierra Prometida. Precisamente, en el vocabulario empleado en el Día Tercero, ciertos exégetas notaron un parentesco con el vocabulario
de las promesas de la Alianza, el vocabulario de la Tierra prometida y de sus bendiciones fecundas. Cada una de las bendiciones
que aparecerán en los Días Quinto y Sexto, para los animales y
para el hombre, comienza por la indicación: *¡Fructificad!* Es justamente la palabra que se repite tres veces en este Día Tercero,
y que corona la triple nomenclatura de los vegetales, la hierba y
el árbol, designados con las palabras empleadas en las promesas
de la Tierra hechas a Israel.

Además, el tema que ya encontramos del combate victorioso
sobre el caos se muestra aquí en la separación de la tierra con respecto a las aguas, y se refiere, más que a los mitos de cosmogonías
paganas, a la experiencia del Éxodo hacia la Tierra de bendiciones
a través de las aguas separadas del Mar Rojo.

La ley del Tercer Día

La novedad de este Día Tercero, en relación con los dos primeros, es que Dios, en lugar de hacer Él solo la creación, hace hacer
a la tierra la segunda obra de este Día. Le pide a la tierra, ya formada en su individualidad, que responda a la Palabra creadora y
haga salir la vida. Es ya la parábola del Sembrador cuya simiente

es la Palabra de Dios, y de la tierra que, recibiendo esta simiente, la hace germinar y fructificar (Lc 8,11). La vida verdadera aparece bajo tres formas: los vegetales, las hierbas o plantas, y sobre todo el árbol frutal, llamado a un lugar tan eminente en la tradición bíblica.

Detrás de esta tríada, se perfila la ley del Día Uno: la relación de alternancia y de comunión entre tres elementos. La *simiente*, como la noche, es el tiempo primero, el tiempo fuerte, la fecundidad oculta. El *fruto*, como el día, aparece visiblemente como un segundo tiempo expresivo de la vida, y de nuevo fecundo en la simiente oculta en el fruto. Y la fórmula *según su especie* subraya la relación entre la simiente y el fruto.

La simple diferenciación de los mares y de la tierra refleja la ley del Día Segundo: la de la separación determinante y delimitante. Pero el Día Tercero revela una tercera ley, que le es propia: recibir semilla para dar fruto, recibir gratuitamente para dar gratuitamente. Es la acción gratuita, la acción de gracias (en griego, *eucaristia*, eucaristía). La tierra recibe la simiente de la Palabra divina y todas las simientes que ésta suscita, y por su trabajo secreto y fiel, rinde el fruto y lo ofrece. ¡Es un rendimiento vital y gratuito! Sin que el verbo "bendecir" haya sido aun pronunciado, la tierra es verdaderamente bendita y fuente de bendiciones; es tierra prometida para la bendición fructificante. La bendición es una Palabra buena que conduce a una realización. *Lo que recibís gratuitamente, devolvedlo gratuitamente*, dirá Jesús a sus discípulos (Mt 10,8). ¡Y qué rendimiento, qué devolución, qué respuesta responsable, cuando se ve la diferencia entre la simiente y el fruto! Es el ritmo de las siembras, con la muerte del grano y la cosecha de las semillas renacientes en forma de fruto.

> *Los que siembran con llantos, cosecharán con cantos.*
> *Anda, anda y llora, el que lleva y esparce la semilla.*
> *Vuelve, vuelve y canta, el que trae las gavillas.*
>
> Sal 126, 5-6

He aquí que vienen días, Palabra del Señor,
En que aradas y siegas, lagares y sembradíos se segui-
rán de cerca.

Am 9, 13

Comprendemos aquí el destino de la tierra desde su pasado "ar-queológico", si así podemos llamarlo, hasta su porvenir mesiánico:

- la tierra era *un caos y un vacío*, abismo y desierto;
- saliendo de las aguas, se convierte en *lo seco*, el continente;
- tierra fértil, *humus, adamah*, formará al *humano, adam;*
- ofrecerá al hombre *el jardín* del Paraíso; primera propuesta de Dios, con miras a una comunión entre el hombre y Dios;
- convertida en *tierra de violencia* por el pecado del hombre, vuelve al caos donde se confunden las aguas de arriba y las de abajo, en el Diluvio; pero *la tierra* y todos los vivientes serán bendecidos en la primera Alianza de Dios con Noé;
- para conseguir el éxito de esta primera Alianza, el Señor hará una nueva propuesta a hombres que lo deseen: Abraham, Moisés y el pueblo de Israel, elegidos como testigos de la Alianza. Ahora, su porción de tierra se convierte en *la Tierra Prometida*, como tierra-piloto de experiencias vitales, llamada a renovar toda la tierra;
- finalmente, realizadas las promesas, la tierra será una *tierra nueva*, la *tierra de Vida y de vivientes*, en la creación renovada que anuncian Isaías y el Apocalipsis de Juan (Is 65, 17; 66, 22; Ap 21, 1; Sal 27, 13; 116, 6; 142, 9).

La vida y el árbol

La mayor novedad del Día Tercero no es que la tierra se haga ver y se presente al Creador para recibir su Palabra; la mayor novedad es que, por la sinergia entre esta Palabra y la tierra misma, surja la vida. En relación con la materia, la vida es una nueva etapa, aun si a los ojos de los científicos actuales la frontera entre ambas no es tan clara como se pensaba habitualmente. La vida, en sus expresiones evolucionadas, en particular en las plantas, da media vuelta e invierte la ley de gravedad, exaltándose en altura, atraída por la luz. El árbol vertical y fructuoso, segunda obra de este Día, anuncia la segunda obra del Día Sexto, el hombre de pie y fecundo. La Biblia y las ciencias humanas más diversas ven entre el árbol y el hombre una semejanza profunda. En el capítulo segundo del Génesis, el Señor Dios propone al hombre la experiencia del Paraíso a través de los elevados símbolos espirituales del árbol del Conocimiento y del árbol de Vida.

La vida es una materia compleja a nivel doble, en el sentido de que los materiales energéticos se mezclan en ella de manera íntima y fecunda en vivientes más y más especializados según sus especies, y luego jerarquizados e individualizados en el seno de esas especies. *Según su especie* se aplica sólo a los vegetales y a los animales, lo cual subraya una nueva diferenciación en el seno de las grandes obras creadas.

Del mismo modo, las clases o castas sacerdotales de ancianos, de levitas y de chantres del Templo, serán diversificadas según sus funciones. Es el signo de nuestra especialización según una misión específica, que finalmente conduce a la vocación estrictamente única de cada persona en el seno de la única comunidad humana.

La tierra es un símbolo de arraigo, de seguridad y de reposo, de alimento y de vida. Ella nos conduce hacia la intimidad fecunda y femenina de la casa, del origen y de la infancia, hacia el fin de las guerras destructoras y el retorno a la paz.

> *Martillando sus espadas harán arados,*
> *y de sus lanzas harán podaderas.*
> *No blandirá más la espada nación contra nación,*
> *ni se adiestrarán más para la guerra.*
> *Se sentará cada cual bajo su parra y bajo su higuera,*
> *sin que nadie lo inquiete.*

Mi 4, 3-4

> *En ese Día, Yo responderé a los cielos,*
> *y ellos responderán a la tierra,*
> *y la tierra responderá al trigo, al vino y al aceite,*
> *y ellos responderán a Yizreel, el Dios Sembrador,*
> *y Yo lo sembraré para Mí en esta tierra:*
> *¡Amaré a la No-amada!*
>
> Os 2, 23-24

> *Se sentarán viejos y viejas en las plazas de Jerusalén,*
> *cada cual con su bastón en la mano, colmado de días;*
> *las plazas de la ciudad se llenarán*
> *de muchachos y muchachas jugando en las plazas...*
> *Porque hay simiente de paz: la vida dará su fruto,*
> *la tierra dará su cosecha, y los cielos darán su rocío.*
>
> Za 8, 4-5.12

La tierra no inspira sólo "las ensoñaciones del reposo", sino también "las ensoñaciones de la voluntad" (Gaston Bachelard). La tierra es símbolo de fuerza y de estabilidad, de trabajo y de conquista. Preside a esta misteriosa alquimia que, de las hojas muertas, hace renacer la savia de las primaveras. Por el retorno al polvo y la muerte invernal prepara la resurrección de Pascua. Por eso, en la Biblia la tierra es siempre una Tierra Prometida a la Justicia, para ajustarse al destino divino del hombre, *una tierra nueva donde habite la justicia* (2 P 3, 13), lugar del Reino.

> *Bienaventurados los pobres por el Espíritu:*
> *de ellos es el Reino de los Cielos.*
> *Bienaventurados los mansos: heredarán la tierra.*

Hijos e Hijas del Tercer Día

Los hombres del Día Tercero son bellos árboles de Vida. Es el día en que la tierra emerge de las aguas y, dejándose irrigar por ellas y nutrir por la luz, da la vida verde y ofrece su fruto. Los hombres y las mujeres del Día Tercero son labradores de la tierra, jardineros del hombre. Sembradores y segadores, cultivan la Vida. Son hombres y mujeres de la vida cotidiana, laboriosos y pacientes, llenos de esperanza tenaz; en las estaciones adversas, actúan con la fuerza misma de la Vida. Su palabra es fecunda como la simiente, porque sus gestos hablan y sus actos significan. Hombres hambrientos y sedientos de justicia, se nutren y nutren a otros con la palabra de verdad. Hombres "mesiánicos", a quienes la simiente luminosa del Verbo, la savia amante del Espíritu y las energías vivificantes del Padre "impregnan" enteramente. Seres terrestres y carnales, que saben recibir y ofrecer. Hombres de la Pascua, sin cesar traspasados por el paso, el flujo de la vida. Servidores que nada poseen, se dejan poseer, como la tierra bajo la mano del sembrador y la acción del sol y de la lluvia, por una fuerza extraña: la fuerza de resistencia propia de la verdad, de la justicia, de la libertad y del amor, de la vida y del espíritu, fuerza de paz, de gozo. Para ellos, éstas no son palabras o ideas, sino energías: los nombres mismos del Creador. Hombres de labor y alimento, ofrecen el pan y el vino de la amistad, gracias a los *tres* gestos de la boca que *come,* que *habla* y que *ama*, poniendo a prueba su beso mediante un trabajo que calma el hambre, pero que sigue siendo lo bastante humano como para hablar aun al corazón.

Decirse "gracias" ¿no es una justicia elemental, que estrecha el lazo entre lo que recibo y lo que ofrezco, como nuestra hermana la tierra maternal, que recibe simiente para ofrecer fruto? Sí, dar gracias, dar graciosamente lo que recibo gratuitamente, y darlo con un rendimiento fructuoso, es la eficacia del Tercer Día, día de gracia.

Cultivar nuestro árbol de Conocimiento y de Vida, trabajar para que su fruto madure, para servirlo y ofrecerlo: ése es el *culto* del hombre verdaderamente *culto,* del agri*cultor* del Tercer Día. *El fruto que permanece* es el fruto de la experiencia de Verdad. *El que hace la verdad, camina hacia la luz* y vive la fidelidad de la fe que permite ver todo bajo la luz viviente y vivificadora del Tercer Día, día del árbol del vivir, del árbol del conocer.

El Día Tercero mismo es hijo de los dos primeros Días: día de la energía luz, que es un fuego esencial; y día del "agua (que) es verdaderamente el elemento transitorio, la metamorfosis ontológica esencial entre el fuego y la tierra" (Gaston Bachelard). Así, la tierra es el fruto de las bodas del agua y del fuego en el sentido esencial de los arquetipos elementales.

La vida es una dulce quemadura.
En el principio de los tiempos, el fuego encontró el agua, su enemiga.
Y se unió con ella por amor, en secreto.
De allí nacieron todos los vivientes.
Primero las plantas, llamas mojadas; y nosotros, los destellos.
Savia y sangre son agua que llamea y fuego que fluye.
Fuego prudente, temperado de agua, que no consume lo que encendió, sino que lo compone; fuego que goza y se recoge, fuego que piensa.
Sí, la vida es una dulce quemadura.
Cuando la vida vuelve al agua, el sueño la cubre y la conserva.
Cuando se enciende, el hambre la devora y la impulsa a devorar.
La familia de los árboles y de las hierbas, de los líquenes y las algas no levantó nunca el velo verde del primer sopor; y en la plenitud del día duerme el gran verdor, respondiendo al despertar de la primavera con un sueño de flores.
Pero las serpientes, los insectos, los peces deslumbrantes y las bestias calientes de la tierra pertenecen al fuego, y sobre ellos sopla el hambre.
Del mismo modo, el macho es fuego; la hembra, agua.

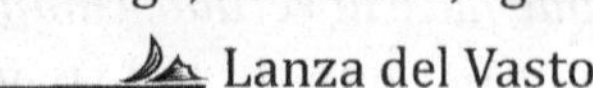 Lanza del Vasto

Funda la tierra sobre sus bases, y no vacilará jamás...
Las montañas se elevan, los valles bajan...
Las aguas no volverán a cubrir la tierra.
Él envía las fuentes a los torrentes, y manan entre los
montes.
Riegas los montes desde tus altas moradas,
se sacia la tierra con el fruto de tus obras.
Haces germinar el pasto para las bestias
y las plantas para el trabajo del hombre, para que sa-
que pan de la tierra.
Y el vino que alegra el corazón del hombre, el aceite
que hace relucir el rostro,
y el pan que fortalece el corazón del hombre.
Los árboles del Señor se llenan de savia, los cedros del
Líbano que El plantó.

 Salmo cósmico, 104

Alabad al Señor desde la tierra, monstruos marinos y
todos los abismos.
Las montañas y todas las colinas, árboles frutales y
todos los cedros.

Sal 148, 7.9

Como el olivo verdeante en la Casa de Dios,
me abandono a la Gracia de Dios para siempre.
El justo florece como la palmera,
crece como el cedro del Líbano.

Salmos 52,10. 92,13

Sé bien que soy tronco del árbol de lo eterno.
Sé bien que las estrellas con mi sangre alimento.
Que son pájaros míos todos los claros sueños...
Sé bien que cuando el hacha de la muerte me tale,
se vendrá abajo el firmamento.

Juan Ramón Jiménez

¡Oh Árbol magnífico, oh Árbol deslumbrante,
el Rey te viste de púrpura viva!
¡Oh Árbol espléndido, oh Fuente de Alegría,
tus brazos llevan el precio del mundo!
¡Oh Cruz preciosa, oh única esperanza!

Venancio Fortunato

DÍA CUARTO:
Las lumbreras en los cielos

14 Dios dice: *"Haya lumbreras en la bóveda de los cielos,*
para dividir entre el día y la noche,
para los signos y para los tiempos
y para los días y los años.

15 *Así serán las lumbreras en la bóveda de los*
cielos, para alumbrar la tierra".

Y así es.

16 Dios hace *las dos grandes lumbreras,*
la lumbrera grande para dirigir el día,
la lumbrera pequeña para dirigir la noche,
y las estrellas.

17 Dios las da *en la bóveda de los cielos,*
para alumbrar la tierra,

18 *para dirigir el día y la noche,*
para dividir entre la luz y la tiniebla.

Dios ve: *¡Qué bueno es!*

19 ***Y atardece y amanece: Día Cuarto.***

El centro del relato

Henos aquí en el centro del relato de los siete Días. A igual distancia del Día Uno, del que retoma los temas (día, luz, tiniebla, noche) y del Séptimo Día, al que anuncia (signo, tiempos o fiesta), el Día Cuarto, "el miércoles, es el pivote del sistema estructural según cada uno de sus dos principios organizativos más importantes: las diez palabras y los siete días" (Paul Beauchamp). La ley separativa de *distinción* tiene su principio en el Día Uno y su finalidad en el Día Séptimo, en la *consagración* del Shabat, día claramente diferenciado de los otros. Además, se la emplea intensamente en el Día Cuarto, en

la división entre el día y la noche y en la división entre la luz y la tiniebla, fórmulas que enmarcan el texto de este día.

Aquí, en el centro del sistema, aparece el sol con la luna y las constelaciones. Constatamos pues que nuestro relato no es una serie de acontecimientos a la deriva del tiempo, sino que es una visión centrada, una construcción en estrella, un rosetón. Éste es el Día en que nació el tiempo.

Lanza del Vasto

Hemos visto ya esta estructura central, a nivel de los siete Días y las diez Palabras creadoras

CIELOS Y TIERRA
UNO
LUZ
5 veces
Luz / tiniebla
Día: 2 veces

2º
CIELOS
Aguas / Aguas
Día: 1 vez

3º
TIERRA + ÁRBOL
Mares / tierra + fruto
Día: 1 vez

4º
LUMBRERAS DE LOS
CIELOS
5 veces
día / noche
luz / tiniebla
signos de los tiempos
Día: 5 veces
(CIELOS Y TIERRA)

5º
VIVIENTES
Bendición:
¡Fructificad!
Día: 1 vez

6º
ANIMAL + HOMBRE
Bendición:
¡Fructificad!
Día: 1 vez

7º
CIELOS Y TIERRA
Y SU EJÉRCITO
Tiempo del Shabat
Bendición:
consagración.
Día: 3 veces
CIELOS Y TIERRA

La palabra *Día*, repetida cinco veces en el Día Cuarto, es empleada 14 veces en los siete Días, según un ritmo centrado en el día de los astros. Sólo tres palabras se emplean cinco veces en todo el relato: la palabra *lumbrera*, y los verbos *dividir y clamar* el nombre, palabras que se refieren al tema esencial de la "separación". Los únicos días donde no se dice: *Dios ve: ¡qué bueno es!* son el segundo y el séptimo, que expresan el aspecto más trascendente de la creación (distinto, separado): los *cielos* y el *día sagrado*, pues con los astros, representan el mundo de lo alto, celestial.

Por otra parte, es notable que en el Día Segundo *las aguas* y *la bóveda* que las distingue estén enunciadas cinco veces. En el Día Sexto, también se repite cinco veces la palabra *especie*, palabra que distingue los seres unos de otros. Es decir que las palabras enunciadas cinco veces en el interior de uno de los Días: *luz, aguas, bóveda, lumbrera, día, especie*, son todas palabras que se refieren a la "separación".

Los astros para el hombre

Obra de la quinta palabra creadora, en el centro de las diez Palabras, el Día Cuarto es verdaderamente el centro del relato y de su estructura. La mecánica celestial, solar, lunar y planetaria, gobierna una creación que nuestro texto describe en función del servicio que le presta al hombre. El relato no habla de ningún modo el lenguaje astronómico, sino un lenguaje enteramente referido al hombre. La Alianza de Dios con el hombre tiene su principio en la creación, y Karl Barth mostró de manera eminente el sentido antropológico del Génesis, subrayando la relación recíproca que une Alianza y Creación, en un gran tratado consagrado a *La doctrina de la creación.*

> Además de la luz, tanto el firmamento en el que están fijadas las lumbreras como la tierra para la que brillan son condición previa necesaria a su existencia. Aunque estén fijadas en el cielo, pertenecen al cosmos inferior y visible: son precisamente el principio prác-

tico de su visibilidad y de su distinción del cosmos superior. Estas lumbreras indican a la criatura, diferente del Creador, que no es celestial sino terrestre y que, sin embargo, como ser terrestre, fue creada bajo el signo de la luz y posee el tiempo, creado por Dios en función de la luz. Transmiten así el conocimiento objetivo de la voluntad divina, es decir, la luz... al hombre que no sólo debe beneficiarse de la existencia de la luz, sino también tomar conciencia de ella; no sólo debe tener tiempo, sino también conocerlo y llenarlo. .. No es sólo para iluminar al hombre, sino para que el hombre participe de la luz con sus sentidos y su razón, para que se convierta él mismo en luz, que la luz debe brillar sobre lumbreras, es decir, revestir una forma concreta que la distinga concretamente de las tinieblas... Es la obra del cuarto día que el hombre pueda convertirse en "partenaire" interesado del Creador... Lo que ahora aparece, y lo que sigue, apunta a una meta particular: la participación consciente, interesada, del hombre en la relación de hecho que existe entre Dios y la criatura.

 Karl Barth

Barth muestra luego que el Creador organiza el marco de la creación con miras al hombre, capaz de ver la luz de las lumbreras gracias a sus ojos, a sus sentidos, a su inteligencia...

... con miras al hombre capaz de conocerlo a Él, de conocerse a sí mismo y de conocer las otras criaturas... [Las lumbreras permiten al hombre] abarcar su historia como historia... poseer y cumplir su destino... El cosmos del hombre no sólo debe estar orientado hacia Dios, sino permitirle también al hombre que se oriente.

Karl Barth

Las cuatro funciones de los astros

El texto está estructurado de tal manera que las cuatro funciones de las lumbreras saltan a los ojos: *dividir, significar, alumbrar y dirigir.*

DIOS DICE:	*"Haya lumbreras en la bóveda de los cielos,*
	*para **dividir** entre el día y la noche,*
	*para los **signos** y para los tiempos*
	y para los días y los años.
	Así serán las lumbreras en la bóveda de los
	*cielos, para **alumbrar** la tierra".*
	Y así es.
DIOS HACE	*las dos grandes lumbreras,*
	*la lumbrera grande para **dirigir** el día,*
	*la lumbrera pequeña para **dirigir** la noche,*
	y las estrellas.
DIOS LAS DA	*en la bóveda de los cielos,*
	*para **alumbrar** la tierra,*
	*para **dirigir** el día y la noche,*
	*para **dividir** entre la luz y la tiniebla.*
DIOS VE:	*¡Qué bueno es!*
	Y atardece y amanece: Día Cuarto.

Tres funciones de las lumbreras recuerdan las leyes de los tres primeros días: alumbrar, dividir, significar; la última es la ley específica del Día Cuarto: dirigir.

Alumbrar

Primero, las lumbreras son creadas para *alumbrar* la tierra y todo lo que ésta contiene, especialmente al hombre. Pues si no hubiera ojos para ver la luz, no sólo los ojos de los animales sino sobre todo los ojos humanos, capaces de captar el sentido de la luz y de lo que ella nos permite ver, ¿para qué sirven las lumbreras? Ya vimos que la luz es el símbolo de la verdad, de Dios.

El tiempo comienza realmente a partir de los vivientes capaces de ver y medir: medir la edad de la materia o de sus rocas es un acto humano, y la medida es relativa a quien mide. En el centro de la semana creadora, el cuarto Día dirige los días siguientes, los de los vivos y los humanos, hacia el tiempo del Séptimo Día, la fiesta del Shabat.

Esta primera función, "alumbrar, dejar ver", se refiere inmediatamente al Día Uno: las lumbreras son lámparas que reciben la luz original y universal para refractarla de manera visible y difundirla sobre la tierra, a los ojos de sus habitantes. Recordemos lo que vimos sobre el tema de la lámpara, lámpara de nuestra visión, de nuestra vida, de nuestro corazón, luz de Vida para nuestros ojos, los ojos iluminados del corazón.

Formado a partir de la palabra *luz* y emparentado con el verbo *ver*, el término hebreo para designar las lumbreras está habitualmente reservado para las lámparas del Templo: en el templo cósmico ya construido, en la tierra ya habitable, el arquitecto dispone las lámparas que alumbran la casa y a su habitante, el hombre, verdadero templo de Dios.

Alumbrar la tierra significa iluminar al hombre terrestre en todos sus caminos terrenos, en su historia, en su conciencia de ser terrenal. Esta lámpara se refiere en primer lugar a nuestros *sentidos sensoriales,* sobre todo los de la vista y el oído (relación bíblica entre palabra y luz). Nuestra visión se une a la visión de Dios, que ve qué bueno es este Cuarto Día. La primera cualidad de nuestra visión es la de ser *una mirada verdadera*, ante todo sobre nosotros mismos, pues de la verdad hacia sí depende la relación hacia otro. *El que hace la verdad, camina hacia la luz* (Jn 3, 21). La fe es una relación personal con Dios, relación que nos hace ver todas las cosas, y ante todo nuestra propia persona con la luz de Dios. La tradición judía del candelabro de siete brazos y de las lámparas del shabat, y el Evangelio de JesuCristo, nos invitan a encender nuestra lámpara personal como hacen los servidores y las vírgenes de la parábola (Lc 12, 35-38; Mt 25, 1-12), para caminar como *hijos de la Luz* (Jn 12, 35,36; 8, 12).

Dividir

Una segunda función de los astros está inscripta al comienzo y al final de nuestro texto: es la *ley de distinción*, ley subrayada aún más en el Segundo Día. Las lumbreras están *en la bóveda de los cielos para dividir entre el día y la noche.... para dividir entre la luz y la tiniebla.* Como en el Día Uno, la distinción entre día y noche equivale a la de luz y tiniebla. Adivinamos lo que esto puede significar para nosotros: discernir y orientarse, no ya con la lámpara de los ojos y el sentido de la visión, sino según un *sentido topográfico*, hacia el lugar de la luz, para ser *hijos del Día.*

> *Hoy te propongo la vida y el bien,*
> *o la muerte y el mal...*
> *La vida o la muerte, bendición o maldición.*
> *Elegirás la vida para vivir, tú y tu simiente.*
>
> Dt 30, 15.19

> *Desdichados los que declaran bien al mal y mal al bien,*
> *hacen de la tiniebla la luz y de la luz la tiniebla.*
>
> Is 5, 20

El Señor propone a nuestra libertad dos direcciones, dos sentidos topográficos: un sentido maléfico, que es tenebroso y mortal; y un sentido benéfico, que es luminoso y vital, el de la Tierra Prometida y bendita. Cada dirección comporta millares de caminos, pero sólo hay dos sentidos orientados en direcciones diametralmente opuestas. La experiencia sola demuestra lo que es la libertad alienante, la de hacer el mal; y lo que es la libertad liberadora, la de hacer el bien: luz de vida o tiniebla de muerte.

Nuestra mirada verdadera sobre nosotros mismos se duplica al orientarse hacia otro, hacia la creación, hacia la historia; se convierte en *mirada justa.* Nuestra lámpara se ajusta como una balanza oscilante entre los polos opuestos de la realidad, para hacerles cumplir su función fecunda en dirección al bien. Día y noche, consciente e inconsciente, placer y dolor, masculino y femenino, fuego y agua, no son más que algunos ejemplos de las "parejas" innumerables que constituyen la creación (Si 33, 15; 42, 24). Pero no se trata de ese dualismo que elige uno de los elementos contra el otro, sino de equilibrar y conjugar los diferentes polos de la realidad. El discernimiento no consiste sólo en elegir entre el bien y el mal, *entre la luz y la tiniebla* y sus frutos de vida o de muerte, sino en distinguir sin separar de manera absoluta, pues hasta el fin de los tiempos el buen grano y la cizaña son inseparables (Mt 13, 24-43). El discernimiento espiritual impide la confusión y permite vencer el mal por la fuerza del bien (Rm 13,21).

La antropología bíblica, explicitada por el apóstol Pablo, nos permite primero discernir entre lo psíquico y lo espiritual. Lo psicosomático está siempre condicionado por la herencia, la educación y la sociedad, ¡y no por los astros! Por el contrario, lo espiritual no está condicionado, es libre y uno, a imagen de Dios que es Espíritu (Jn 4,24). Luego, debemos discernir entre lo verdadero y lo falso, el bien y el mal. Bien y mal no son polos opuestos de la creación, no son cosas ni personas creadas por Dios: son direcciones morales, conscientes y consentidas, que podemos elegir libremente. Aquí, el mal consistiría en oponer entre ellos los polos diferentes de la creación, exaltando uno y destruyendo el otro: por ejemplo, el materialismo absolutiza la materia, y el espiritualismo, el espíritu. Estos dos, sin embargo, son criaturas de Dios y se unen en la vida del hombre. El bien consiste en unir los polos opuestos para que conjuguen armoniosamente sus valores y los concierten de manera bella y fecunda: acción y pensamiento, vida exterior y vida interior, persona y comunidad, etc.... El hombre oriental tiene tendencia a confundir pasivamente los planos de la realidad, y el occidental, a separarlos u oponerlos violentamente.

Jesús nos dice que por sus frutos se juzga el árbol y se discierne lo falso de lo verdadero (Mt 7, 15-20). La Biblia nos enseña el sentido de la vida, transmitiéndonos algunos criterios: el de los dos o tres testigos para todo asunto importante, el de una vida a la vez encarnada y espiritual, el de la reciprocidad del amor en la amistad en Cristo, el del amor al enemigo. Así podemos alejarnos poco a poco de las tinieblas, penetrar en la luz verdadera como hijos del Día, como *lumbreras que brillan en el seno de un mundo tortuoso y pervertido* (Fil 2, 15).

> *Vosotros, que erais tinieblas, ahora sois luz en el Señor.*
> *Caminad como hijos de la luz. El fruto de la luz es bien, justicia, verdad.*
> *Discernid lo que place al Señor.*
> *No participéis de las obras estériles de las tinieblas...*
> *Por eso se dice: "Despiértate, oh tú que duermes, levántate de entre los muertos, y el Cristo te iluminará".*
> Él, ese sol de la Resurrección, engendrado antes del astro de la mañana, da la vida por sus rayos.
>
> Ef 5, 8-14, completado por
> Clemente de Alejandría

Significar

La tercera función de los astros es la de significar: ellos fueron dados como *signos para los tiempos* o las fiestas, *para los días y los años.* El tiempo comienza con esos *signos de los tiempos* y esta función está ligada al tercer día, el día en que aparece la vida y los primeros vivientes, los vegetales, pues el tiempo es una cualidad propia de los seres vivientes.

> Sí, ese Día nació el tiempo. De hecho, en un mundo vacío de seres vivos, sensibles e inteligentes, el tiempo es inútil, no existe. El espacio basta, y el movimiento. Contemplad el mar: es una variación perpetua en todas sus partes, cambia de un instante a otro. Volved a mirarlo tres meses, tres años, treinta años después, y nada ha cambiado. Los meses y los años pasaron para vosotros, pero no para el mar. El tiempo sólo tiene sentido, la duración tiene substancia para aquél cuya *vida* se desarrolla sin retorno del nacimiento a la muerte, del deseo a la satisfacción, de la esperanza al

cumplimiento. El espacio inmenso en sus tres dimensiones no basta para contener esos seres minúsculos y frágiles: es necesaria una profundidad mayor, que se llama Tiempo.

Lanza del Vasto

La cuarta dimensión es el tiempo, y el hombre inventa el calendario para significar los acontecimientos de su historia. Uno de los motivos indudables de los autores sacerdotales del relato de los siete Días es la importancia del calendario, que regla y armoniza las estaciones y los días, y ante todo los tiempos o fiestas, los días de la luna nueva o la luna llena, los años sabáticos y los años jubilares, según septenarios cuidadosamente calculados.

La palabra hebrea para decir *signo* se escribe con dos letras: la primera y la última del alefbeith, el alfabeto hebreo: *alef* y *tav*, principio y fin; como para indicar que el sentido que ya no es ni sensorial ni topográfico, sino *significativo*, se extiende a toda la realidad. Un signo existe para dar un sentido significante, no aparente a primera vista. Aquí, nuestra mirada verdadera y justa sobre nosotros mismos y sobre los otros se dirige en una tercera dirección, una profundidad invisible, en la noche. Las lumbreras son *lámparas-signos*, lámparas testigos que alumbran la profundidad de las noches, del cielo nocturno del hombre y del mundo, para sacar a luz las riquezas que encierran. La lámpara se hace espejo donde se reflejan las realidades ocultas de la creación, para que el hombre pueda leerlas e interpretarlas en su lenguaje simbólico, lenguaje que significa una realidad que a su vez exige una realización. *Esta mirada profunda* nos permite sumergirnos tres veces en la noche.

Primero, en la noche cotidiana sobre la que se abren los *días*. A la noche, el inconsciente se despierta y nos habla en los sueños, por un lenguaje lleno de símbolos. A veces, Dios, sus ángeles o sus santos nos visitan y nos hacen señas, sobre todo de noche, en los ensueños y las visiones o en la "noche oscura", bajo la nube del Espíritu. Pensemos en José (Gn 37, 6-19; 40, 5-22) y Daniel (Dn

7,2), el otro José, el esposo de María (Mt 1, 20-24; 2, 13-14.19.22), los magos astrólogos venidos a adorar al Niño Dios guiados por un astro (Mt 2, 1-12), San Pablo (Hch 16,9; 18,9) y tantos otros. Sí, la noche nos hace señas que esclarecen los días de nuestra vida.

También está la noche de la infancia, los años primeros que trabajan inconscientemente en *los años* adultos. Las primeras intuiciones, los nudos psíquicos llamados "complejos", las primeras vocaciones (Is 49,1; Jr 1,5), duermen en la noche de la infancia y debemos recordarlos y guardarlos en la memoria para leer las señales que nos hacen en la noche confusa de nuestros años adultos.

Finalmente, en la noche inmemorial de *los **tiempos**,* se aloja lo que Carl-Gustav Jung llama el "inconsciente colectivo", el tesoro de los arquetipos y de los símbolos universales, de los ritos y los mitos primordiales, de las fiestas y las liturgias del nacimiento, las bodas, la muerte y tantos otros acontecimientos mayores de nuestros días y de nuestros años, celebrados desde la antigüedad. Es la inmensa memoria de la Sabiduría de los pueblos; es también el memorial litúrgico de la Historia Santa del pueblo de Dios, judío y cristiano. La Biblia se inspira en esta noche de los tiempos, y saca a la luz ese lenguaje concreto y tan humano en el cual se encarnan la Palabra de Dios y el acto de las Alianzas. Esos símbolos, esos ritos, esos calendarios, por la Palabra de Dios que los asume y los ordena, dan a nuestra vida su plena significación.

> Los astros fueron creados por Dios, tienen su lugar en el cielo y brillan sobre la tierra... Su diversidad y su alternancia permiten, a un ser capaz de percibir lo que indican, orientarse en el tiempo y en el espacio y, a partir de eso, participar en la creación divina de la luz... Jesús reprocha a los fariseos (Mt 16, 2 y ss) que no los reconozcan en esta función cuando les dice que no saben discernir *los signos de los tiempos*, si bien son capaces de observar el aspecto del cielo...
>
> Los astros hacen al hombre capaz, como criatura, de tener una historia con Dios; son para la tierra

los signos celestiales de esta historia inaugurada por Dios con la creación de la luz. No nos está permitido hacer abstracción de la historia terrena si se quiere comprender Gn 1, 14 y siguientes.

Karl Barth

Dirigir

Nuestra mirada verdadera, justa y profunda adquiere una cuarta dimensión, en la que las tres primeras encuentran su meta: *una mirada responsable y valiente* sobre el tiempo de la historia, el tiempo de nuestro devenir. *Venga tu Reino, como en los Cielos, así en la tierra.* Ésta es la ley específica del Cuarto Día. Lámparas-signos, los astros nos han sido dados *para la dirección* del día y de la noche, expresión repetida dos veces en el texto. Paul Beauchamp ha notado que el Cuarto Día contiene tantas palabras (69) como el Tercero (69), y como los dos primeros (31 + 38). Es también notable que la palabra mediana del texto hebreo de este Cuarto Día (la 35ª) sea precisamente el verbo *dirigir* (dirección del día), pues ésta es verdaderamente la función hacia la cual convergen las otras tres. Además, ese verbo está situado, dentro del texto, en el centro (9º lugar) de los otros verbos (8 verbos empleados 17 veces).

La palabra hebrea es el verbo *mashal*, cuyo significado es doble: por una parte significa dirigir, reinar, mandar; por otra parte, comparar, simbolizar, asimilar y asemejarse. De allí se deriva también la acepción de parábola, semejanza. Sabemos que la parábola o el proverbio son la base de la Sabiduría bíblica y oriental, y se relacionan con la función real, con la función orientadora de reyes y de sabios, o de responsables de todo tipo: padres y madres, educadores, maestros, guías espirituales, dirigentes, etc... Esa palabra-clave nos hace pasar del sentido significativo (parábola, símbolo) a la realización que exige la realidad significada (cumplimiento, responsabilidad, realeza, educación): el *sentido sensato* o prudente.

¿Qué hacen los sabios, y en particular el sabio por excelencia que es Jesús, cuando formulan y ritman sus parábolas? Proponen como ejemplo realidades concretas: la luz y el fuego, el agua, la sal, el pan y el vino, la semilla, la viña, la higuera, los peces y la pesca, la levadura y la masa, la lámpara, etc... Estas realidades están, en la creación y en el uso cotidiano, *lanzadas en dispersión* (sentido de la palabra *diabolos*); quedan alineadas según una significación, orientadas a *lo largo* de una línea parabólica, a través de un relato o un proverbio (*parábola, mashal*); y ascienden hacia una realización evocada por el sentido de la parábola. Esta realización lleva a una comunión de semejanzas y a una *síntesis* sinfónica de los elementos mayores de la parábola: es el *símbolo* realista del Reino de Dios que Jesús compara a los elementos de sus parábolas. El Reino, sinfonía última de la creación.

Comprendemos entonces el valor de esta cuarta ley, la de la dirección real: *como en los Cielos, así en la tierra*. Profundicemos en esta ley. Los astros no son ni dioses ni reyes que determinen fatalmente nuestro destino, a los cuales deberíamos rendir culto como a amos omnipotentes o a Césares romanos. La Biblia, el judaísmo y las Iglesias siempre rechazaron una astrología que fuera astrolatría, y sobre todo, adivinación. Si somos determinados, lo somos en todo el dominio psicosomático (diferente del espiritual), pero no por una influencia inmediata de los astros sobre el destino individual de los hombres. Nuestros condicionamientos están determinados por la evolución biológica, génesis creada por Dios a través de la herencia física y psíquica de nuestros padres y antepasados. Si los astros intervienen, y es evidente que lo hacen, no es sólo como fuerzas cósmicas globales y "objetivas", sino sobre todo como *lámparas* y como *signos* al servicio del hombre en su relación con la creación y con el Creador, al servicio de nuestra "subjetividad". Son lámparas que alumbran la significación de nuestros determinismos hereditarios, cuyo lenguaje saben leer. Lo que el sol y los planetas pueden decirnos sobre nuestro temperamento terrestre es un lenguaje simbólico, análogo al lenguaje matemático, que, como él, esclarece nuestras experiencias físicas y químicas.

La concepción moderna del mundo sideral, que cuenta con millones de sistemas solares y millares de años-luz, y la concepción antigua, que creía ver en los astros divinidades omnipotentes, de hecho se parecen. Ambas parecen excluir, con una especie de respeto mágico, tanto el problema de una finalidad y una utilidad del mundo celestial, en particular con respecto a la tierra y a sus habitantes, como la idea de que el mundo en general existiría para el hombre. Pero nuestro texto no dice una palabra del mundo sideral que no esté en relación precisamente con la tierra, y en especial y finalmente, con el hombre. Lo que son los astros está enteramente descripto en lo que se dice sobre *para qué* son. [Aquí, el autor indica sus cuatro funciones: alumbrar, separar, significar y dirigir]. Dios los establece para esa finalidad. Los convierte en sus servidores, sus funcionarios... directamente al servicio de la tierra y de sus habitantes, y de manera decisiva, de aquel habitante que es capaz de comprender y aceptar el don de esos signos, no sólo de hecho, sino libremente, con inteligencia; no inconscientemente, sino con plena conciencia. Así, los astros se convierten en ayudantes que Dios dio al hombre. Dejan de ser divinidades y amos a los cuales el hombre debe demostrar respeto, adoración y obediencia; o, según la concepción moderna, esos representantes del universo infinito que determina absolutamente al ser humano.

 Karl Barth

Comprendemos también la importancia central del Cuarto Día. El texto lo pone en relación con la visión, el discernimiento y la significación de nuestra vida humana y de su tiempo histórico, con miras a una dirección prudente y responsable de esta vida y de esta historia.

Los cuatro sentidos de la palabra "sentido"

Hemos hablado de tres significados de la palabra *sentido*, que se aplican a los niveles físico, psíquico y espiritual de nuestro ser. El *sentido sensorial*, "lámpara" que ilumina nuestra vida terrestre a la luz de Dios y de su Palabra; el *sentido topográfico*, que nos permite discernir las direcciones en nuestros encuentros con otros hombres y con la creación, para caminar a través de las tinieblas hacia la luz; el *sentido significativo*, para leer los signos de los días, los años y los tiempos de nuestra historia individual y colectiva. Pero hay un último sentido de la palabra *sentido*, el más específico del Día Cuarto, *el sentido sensato*, sabiduría que a veces se llama "sentido común", necesaria para cumplir el tiempo dado por el Creador e indicado por las lumbreras, y *dirigirnos* en nuestra noche y nuestros días, con coraje y responsabilidad, hacia un porvenir, no determinado ni fatal, sino abierto a nuestra libre disposición.

Nuestra libertad no está detrás de nosotros, en el nivel de los determinismos físicos o psicosomáticos; está delante de nosotros, a partir del conocimiento y aceptación de nuestros condicionamientos y de la posibilidad de des-identificarnos de ellos. La libertad es una liberación a nivel de una respuesta responsable, consciente y voluntaria a las propuestas y las cuestiones que nos plantean esos determinismos. Todo lo que hemos recibido sin elegirlo (nuestro temperamento, nuestro sexo, nuestra familia y nuestro país, y antes que nada, nuestra existencia misma), parece un juego de cartas. No podemos jugar con otro juego, que es una dosificación individual de múltiples energías comunes a toda la humanidad, y en una parte importante, a toda la creación. Pero somos libres de jugar o de no jugar, de jugar poco o mucho, de jugar bien o mal, para la muerte o para la vida, es decir, para la desintegración o para la comunión. Ese juego de cartas no representa realidades estáticas, sino energías, tendencias físicas y psíquicas en estado de simiente. Pues si estamos determinados en nuestro temperamento, no estamos por eso "terminados", sino llamados a conocernos y a aceptarnos, para transformarnos gracias a la energía espiritual de nuestra libertad personal. Estas simientes sólo esperan los cuidados dispensados a la tierra, es decir, el trabajo sobre nosotros mismos, como respuesta al juego recibido.

A los determinismos de ese juego se agregan los determinismos de la educación y la civilización ambiente. Pero los astros, lejos de agregar un nuevo determinismo, que esta vez sería fatal en el tiempo, son sólo humildes ayudantes en la lectura de nuestro temperamento individual y de sus ritmos, para que lleguemos al libre gobierno de nosotros mismos. Para esta tarea son lámparas luminosas, criterios de discernimiento, espejos llenos de sabiduría. Y finalmente, caminos de orientación para dirigirnos con libertad. Son una ayuda para nuestra tarea de educadores y de responsables, una "realeza" terrestre en relación con el Reino de los Cielos.

Astrología

Es ya tiempo de salir de la confusión y la ignorancia, antigua o moderna, sobre el tema de la astrología. Hay que arrancarla a tantas decenas de miles de charlatanes y comerciantes, o adeptos ignorantes e irresponsables que utilizan los astros de manera superficial y peligrosa, adivinatoria o idolátrica (uno de los ídolos actuales). En medio de la debilidad espiritual de un mundo descristianizado, la fuerza de las ideologías de los últimos siglos ha vuelto a los hombres increyentes, y, al fin, increíblemente crédulos. Sectas y magias, ocultismos, videncias y adivinaciones pululan bajo formas diversas en países pobres y países ricos.

No podremos alejar a los hombres de esta idolatría proveedora de falsas seguridades ignorando el servicio providencial de las lumbreras creadas para el hombre, y condenando lo que a menudo ignoramos. Más bien lo conseguiremos estudiando seriamente el lenguaje de los astros. Si la "astronomía" es la ciencia de las "leyes" que los hombres formulan sobre los astros, una verdadera "astrología" debe ser el conocimiento de lo que "los astros dicen" al hombre: es el sentido de estas dos denominaciones. Vimos cómo las *lumbreras* nos hacen *señas*, y qué útiles pueden sernos, exactamente como las otras criaturas. Para emplear honesta y eficazmente este lenguaje simbólico del mundo solar e interplanetario, suburbio de nuestra tierra (distinto del de las estrellas lejanas), hay que conjugarlo con la ciencia de los ritmos físicos y psíquicos del hombre, a nivel del sistema cerebral y de los reflejos condicionados. Hay que seleccionar, igualmente, lo mejor y más probado de la ciencia antropológica y etnológica sobre los símbolos inventados por el hombre para descubrir sus relaciones con los astros que, junto con la tierra, giran alrededor del sol sobre la pista zodiacal del espacio celeste.

Si cientos de catedrales y de iglesias situaron en sus tímpanos los doce *signos* del Zodíaco alrededor del Cristo, es porque la tradición bíblica nos transmite esos símbolos. El Padre Jean Daniélou demostró que la asimilación del Zodíaco al pueblo de Dios, antes de ser aplicada al Cristo y a los doce apóstoles, es un tema tradicional en Israel, anterior a las síntesis escritas sobre él por Filón de Alejandría. Un único ejemplo, a través de un texto característico:

> Las doce gemas que el Gran Sacerdote lleva sobre el pecho son la figura de los doce animales del Zodíaco. Es el símbolo de los doce patriarcas, puesto que los nombres de éstos y de sus tribus están grabados sobre esas piedras, aspirando a hacer de ellos astros, y dar a cada uno su constelación zodiacal. Además, cada uno de los patriarcas se convierte en astro, como una imagen celestial, de modo que los jefes del pueblo y los patriarcas no caminan ya por la tierra como mortales, sino como árboles celestiales que circulan en el cielo donde fueron plantados.
>
> Filón de Alejandría

Este texto tiene el mérito de establecer relaciones entre los diversos grados de la creación, los diversos Días del Génesis, en una continuidad con la historia santa, en un mismo camino-de-vida (sentido de la palabra zodíaco): las piedras, los árboles, los astros, los animales, los hombres y los pueblos. Cuatro de esos doce signos zodiacales son evocados por Ezequiel en su visión del carro del Señor y sus cuatro Vivientes (Animales), los Querubines (Ez 1), y reaparecen en el Apocalipsis de Juan (Ap 4-6).

En esta tarea, sólo cuentan, por una parte, una verdadera ciencia de la relación de los astros con el hombre y un conocimiento del lenguaje especializado e interdisciplinario de esta ciencia; y por otra parte, una experiencia de las disciplinas en que ella encuentra su campo de aplicación, psicología y medicina, que se ocupan de los aspectos del hombre condicionados por la herencia. Finalmente, una larga y paciente experimentación y una filosofía respetuosa de la persona humana y deseosa de despertar su libertad, esa libertad prisionera de sus condicionamientos y a menudo negada o violentada; una filosofía esclarecida por la Sabiduría de la Biblia (Sb 7, 15-22).

> El Cristo y la Iglesia retomaron las grandes imágenes del sol, la luna, el árbol, el agua, el mar, etc... Esto significa una evangelización de las potencias afectivas que ellas designan. No hay que reducir la Encarnación a la asunción de un cuerpo. Dios intervino hasta en el inconsciente colectivo para salvarlo y cumplirlo. El Cristo descendió a los infiernos... ¿Cómo podría esa salvación llegar a nuestro inconsciente si no le hablara su lenguaje, si no retomara sus categorías?...Si la psiquis contemporánea es presa de tantos demonios y seducida por otras tipologías vivificantes, es porque el cristianismo contemporáneo no supo reconocer el valor tanto inmanente como trascendente de los grandes símbolos que abundan en su tradición y en sus ritos. Para el teólogo, no se trata de renunciar a las afirmaciones de la fe, sino de explorar una dimensión muy descuidada del simbolismo religioso, y de aceptar en este punto la ayuda de los mitólogos y los psicólogos.

 Louis Beirnaert

Frente a los aportes de Mircea Eliade, Gaston Bachelard, Carl Gustav Jung, Gilbert Durand, André Barbault, los Padres Hugo Rahner y Jean Daniélou, y tantos otros, la cultura de los cristianos y sobre todo de sus dirigentes, parece aun demasiado pálida y superficial.

> Hasta el siglo XVIII, la astrología no era en general considerada contraria al cristianismo. La astrología monoteizada, admitida también en el judaísmo y el Islam, aparece en el Antiguo y en el Nuevo Testamento, y fue practicada en Qumram (R.Q 5; Sb 8,8 ; 7,18-19)
>
> Dom Jacques Meysing, o.s.b.

Numerosos religiosos, escritores y psicólogos conocen el lenguaje astrológico, y lo utilizan con sentido bíblico y respetuoso de la libertad. En esto, siguen a grandes espíritus como Dante o el astrónomo Kepler, que escribió: "Veinte años de estudios prácticos convencieron a mi espíritu rebelde de la realidad de la astrología". Del Génesis al Apocalipsis, pasando por Ezequiel y el Cantar, la Biblia usa el simbolismo astral en textos relacionados con las cimas más altas de la Revelación.

> Purificados de su significado idolátrico, los astros simbolizan ahora las realidades terrenas que manifiestan el designio de Dios: la multitud de hijos de Abraham (Gn 15,5), la venida del Rey davídico (Nm 24,17), la luz de la salvación futura (Is 60,1; Ml 3,20) o la gloria eterna de los justos resucitados (Dn 12, 39)
>
> En: Xavier Léon-Dufour.
> *Vocabulario de teología bíblica*

La Ley del Día Cuarto

Ese designio de Dios se resume en el Reino: *Venga tu Reino, como en los Cielos, así en la tierra.* Esta plegaria del Cristo es, como vimos, la ley del Cuarto Día, que rige la función de los astros con respecto a los hombres, convocados a reinar en el Reino de Dios (Ap 22, 5). No se dice: "Venga tu Reino a los cielos como en los cielos", separando del Reino la vida terrenal... Tampoco se dice: "Venga tu Reino a la tierra como en la tierra", confundiendo el Reino de Dios con los regímenes políticos y sus ideologías. En el Padre Nuestro, los Cielos significan la Gloria de Dios en la intimidad fecunda de sus Tres Personas; y también significan la Jerusalén nueva poblada de la innumerable asamblea de las tribus de Israel y de las Iglesias constituidas por *todo pueblo, toda nación, toda tribu, toda lengua* (Ap 7,4-9). Se trata de la relación entre Dios, sus santos y nuestra tierra, en la que Dios Se encarnó y donde vivieron sus santos. Como Karl Barth lo demostró, las Alianzas de la historia santa están ligadas a la creación, y dirigidas hacia la transfiguración de los cielos y la tierra en cielos nuevos y tierra nueva sobre la cual reinaremos (Ap 21,1; 22,5). Además, la fórmula *como en los cielos, así en la tierra*, marca bien la correspondencia y la sincronía entre los ritmos celestiales y la historia terrena: los astros del cielo iluminan la tierra, nos permiten discernir y leer los signos, nos enseñan a orientarnos y dirigirnos libremente, a lo largo de los tiempos, los días y los años de nuestra vida y nuestra historia. Sólo al final de los tiempos los astros cesarán su función actual, quizás para recibir otra en los cielos nuevos, como se lo plantea Karl Barth. Pero entonces el hombre habrá cumplido su destino terrenal y reinará con el Señor en un mundo transfigurado.

Sol-Luna-Tierra

Invitamos al lector a leer o releer el Salmo 19, el de los astros de los cielos y de la Torá o Ley instructiva de Dios. Las dos partes del Salmo están unidas con intención precisa: a las leyes cósmicas, al ritmo del sol, a los signos visibles, corresponden en la tierra las leyes y los ritmos humanos, la realización espiritual. *¡Como en los cielos, así en la tierra!* Jesús nos dice: *Alegraos de que vuestros nombres estén escritos en los cielos* (Lc 10, 20).

> Utilicemos las relaciones del sol, de la luna y de la
> tierra para tomar conciencia de las relaciones del es-
> píritu, el alma y el cuerpo en el ser humano. El sol es
> el icono del espíritu; la luna, de la psiquis, el alma; la
> tierra, del cuerpo. Del mismo modo que la tierra da
> vueltas alrededor del sol, el cuerpo gravita alrededor
> del espíritu. La psiquis es satélite de nuestro globo,
> de nuestro cuerpo, y su luz viene del sol, el espíritu.
>
> Monseñor Jean Kovalevsky

Esta tríada, sol-luna-tierra, es más antigua que la vida. La luna recibe y refleja la luz solar, pero gira alrededor de la tierra a la que pertenece. La tierra gira alrededor del sol del que recibe su luz diurna y, por la luna, su luz nocturna. Con respecto a la tierra y a la luna, el sol es central, estable, equilibrante, dador de luz y de vida. El *sol* representa el centro *espiritual: ojo iluminado del corazón, germen del Reino, sol sin ocaso, Soplo de Vida* (Ef 1,18; Mc 4, 26-27; Is 60, 20; Gn 2, 7). La *luna* representa el *alma* en su complejidad irradiante y giratoria, cambiante y refleja. Iluminada por el sol espiritual, gira alrededor de su tierra carnal, envián-dole de noche, al revés inconsciente de su conciencia clara, los reflejos de la luz espiritual. La *tierra* representa el *cuerpo*, forma carnal vivificada, esclarecida por el sol espiritual alrededor del cual gira como alrededor de su centro original, último y glorioso. La psiquis gira alrededor del cuerpo, que gira alrededor del sol espiritual que ilumina a ambos.

Hijos e Hijas del Día Cuarto

Los hombres y las mujeres del Día Cuarto son los hijos y los guías de todo un Zodíaco cósmico y espiritual. Son seres que sien-ten la vida como un movimiento vibrante de significación, como una red textil en la que los hilos entrecruzados tejen un texto legible, como una encrucijada de relaciones donde se inventa el camino. Pasajeros y peregrinos, viajeros y vagabundos, en exilio o en éxodo; exploradores y conductores, reyes magos y pastores, astrólogos educadores de vida y psicólogos respetuosos del hombre; precursores o apóstoles, profetas o sabios. En la encrucijada de las rutas, en cualquier camino, estos compañeros son solitarios y caravaneros, tejedores de una vasta red de relaciones y hogareños nómades, niños que siembran piedritas blancas por el camino del bosque y centinelas en la noche. Tienen los pies prontos para los caminos de miseria y de llamado, y manos de inocencia y frescura, de ternura y de fuerza, de secreto y de amistad, abiertas a todos. Manos que trabajan y curan, aman y oran; manos como hojas y estrellas, clavadas en la ofrenda, pero libres para recibir todo y devolver todo de nuevo. ¡Ah, libertad! Ruta abierta, mano ofrecida, consejo gratuito, oído que escucha los signos de los tiempos... Sí, todo es signo para el hombre del Cuarto Día, como todo es germen para el del Tercer Día.

Ayudarse mutuamente a conocerse, a poseerse, a amarse y a gobernarse a sí mismo para darse a sus compañeros de viaje, *en la tierra como en los cielos*, por los caminos de la tierra según las líneas, los signos y los nombres escritos en el cielo del alma y visibles en la bóveda de los cielos.

El hombre del Día Cuarto cuida que el equipo de trabajo se acepte claramente en la diversidad de sus miembros tan diversamente equipados; esclarece esta diversidad para hacerla reconocer y amar, y vivir así la comunicación, el sentido pleno del viaje, el sentido de la *aventura universal*, el sentido de las *cosas por venir*, vueltas *hacia el Uno*.

> *Hizo la luna para indicar las fiestas, el sol conoce su ocaso.*
> *Pones las tinieblas y se hace noche,*
> *y rondan todos los animales de la selva.*
> *Se levanta el sol, y ellos se retiran, y se acuestan en sus guaridas.*
> *Sale el hombre a su labor y a su trabajo hasta la noche.*
> *¡Cuán innumerables tus obras, Señor!*

Las hiciste todas con sabiduría.

⛰ Salmo cósmico, 104

Tu sol no declinará, y tu luna no se retirará,
pues el Señor es para ti Luz por la eternidad.

⛰ Is 60,20

En ese Día, la luz del sol será septuplicada,
como la luz de los Siete Días.

⛰ Is 30, 26

Vosotros sois la luz del mundo.

⛰ Mt 5, 14

Sed hijos de Dios sin mancha
en el seno de una generación extraviada y pervertida,
en un mundo en que brillaréis como lumbreras,
presentando la Palabra de Dios hasta la venida del
Cristo.

⛰ Fil 2, 15-16

Yo, Jesús, soy el Retoño de la simiente de David,
la Estrella resplandeciente de la mañana...
Soy la Luz del mundo.
Quien Me sigue no camina en las tinieblas,
sino que tiene la Luz de la Vida.

⛰ Ap 22, 16; Jn 7,12

Ya no habrá noche.
Ya no necesitarán ni luz de lámpara ni luz del sol,
pues el Señor Dios los iluminará,
y reinarán en los siglos de los siglos.

⛰ Ap 22, 5

DÍA QUINTO:
La subida de las almas vivas

20 Dios dice: *"Las aguas bullirán de un bullicio de almas vivientes*
y las aves volarán sobre la tierra
a la faz de la bóveda de los cielos".

21 Dios crea   *los grandes dragones*
y toda alma viviente y serpeante
que bulle en las aguas según sus especies
y toda ave alada según su especie.

Dios ve: *¡Qué bueno es!*

22 Dios los bendice diciendo:
"¡Fructificad! ¡Multiplicad!
¡Llenad las aguas de los mares!
¡Y las aves multiplicarán sobre la tierra!"

23   ***Y atardece y amanece: Día Quinto.***

Las almas vivientes

Este Día quinto corresponde al segundo. Encontramos en él los mismos elementos, agua y cielos, pero esta vez están poblados. Esos habitantes, que representan el primer poblamiento de la tierra y de su entorno inmediato, las aguas y los aires, son vivientes que anuncian al hombre por su libertad de movimiento y su independencia. El texto los llama con un nombre común al hombre y al animal: *nefesh hayah, alma viviente.*

En la Biblia, la palabra alma no designa el alma espiritual del hombre, sino el alma viviente que anima un cuerpo con la vida, el mismo sentido que la palabra *animal*. La traducción griega es *psyché*, el alma estudiada por los psicólogos. Menos compleja que la del hombre, el alma viviente de los animales está dotada de una riqueza psíquica y vital maravillosa, a tal punto que la antropología bíblica, como la de las tradiciones universales, imagina todo un bestiario humano para describir la relación estrecha que existe entre el animal y el hombre. Las fábulas del griego Esopo, del sabio brahmán Bidpaï (siglo VI, traducidas al persa y luego al árabe, dos siglos después), y las de La Fontaine, no tratan evidentemente de zoología, sino que ofrecen un espejo psíquico, una psiquis que proyecta sus cualidades y defectos a través de mil situaciones. Es lo que ya la Biblia nos ofrece en sus libros de sabiduría, pero también en este quinto Día en que los animales simbolizan realidades bien precisas, no sólo en psicología humana sino también en significación espiritual.

Aguas marítimas o aguas maternales, el agua es el elemento en que nacieron y renacieron sin cesar los vivientes. Y como los hombres, los animales nacen y son fecundos, literalmente *fructifican*, se multiplican y llenan su espacio: las aguas para los peces, los aires para los pájaros (el espacio del Día segundo).

Dragones, peces y pájaros

El ritmo del quinto Día no consiste sólo en hacer fructificar y multiplicarse el bullicio de los vivientes, sino también en permitir que la vida, por la transformación de las especies, llene su plenitud de forma y su altura última: desde los monstruos que bullen en los abismos, hasta los peces que se deslizan (literalmente, *serpean*) en las aguas, y los pájaros que vuelan en la altura de los cielos. Ésa es la ley específica del Día quinto, una ley de transformación en plenitud, la ley de las almas vivas, su subida en dirección a la vida humana y espiritual.

Estas tres especies creadas en este quinto ritmo están presentes en el hombre y la mujer. Su evolución animal simboliza de manera real otras transformaciones más esenciales, no ya a nivel de la vida física y animal, sino a nivel de la psiquis humana y de la vida espiritual. En la simbología bíblica y litúrgica, en los bestiarios medievales y en la psicología moderna, dragones-serpientes, peces y pájaros dan forma a diversas funciones de nuestra alma psíquica y a los diversos niveles de su ascensión espiritual.

Dragones, serpientes, escorpiones, monstruos marinos. Energías instintivas que bullen en nosotros, dormitan y se despiertan en lo profundo del inconsciente, en las raíces del vientre, en el abismo tenebroso, en el hambre, la agresividad, la sexualidad, poseyendo, dominando, comunicando, para la vida, la muerte y el amor.

Peces, ¿no son acaso estos mismos monstruos marinos amansados, atrapados en una pesca maravillosa? Nuestra vida psíquica, ya más consciente y sentida, por el juego de los sentimientos y de los pensamien-

tos, ¿no utiliza acaso los instintos profundos con miras a un triunfo de la vida sobre la muerte por la fuerza oblativa del amor? El Pez con el que Jesús compara los hombres, con el que los cristianos comparan al Cristo y que comparan consigo mismos en las aguas del bautismo, el Pez es en verdad el Viviente de las profundidades.

Pájaros, aves, palomas o tórtolas, rostros bíblicos del alma espiritual, meditativa y cantarina, liberada de la red del cazador, que sube hacia las claridades de los cielos: ¿no es éste el signo, el camino de las sublimaciones, de la libre transformación de nosotros mismos por la fuerza misma de la verdad, que sin cesar alimenta la ofrenda del amor? Amor que, en su bello canto del mundo, como Orfeo, Noé o Francisco de Asís, Francisco Solano o Serafín de Sarov, amansa los animales y los instintos convertidos en hermanos y servidores.

Así podemos comprender mejor por qué el reino diabólico de Satán es comparado a los infiernos donde bullen salvaje y oscuramente serpientes, dragones y monstruos, en las tinieblas exteriores e inferiores, en los llantos y el rechinar de dientes. No porque nuestros instintos sean malos. Son *buenos* en el sentido que el Génesis da a esta palabra siete veces repetida a lo largo de los seis Días, son aptos y "buenos para" cumplir su función y ofrecer sus fuerzas. Y por eso, al revés de los días precedentes, el Génesis emplea aquí el verbo *crear*, y no el verbo *hacer*, para indicar el acto divino, aunque éste pase por la colaboración de las aguas y de la tierra. Los demonios mismos, ángeles que invirtieron su luz en tinieblas por su negativa a adorar a un Dios que quiere descender hasta el hombre hasta el punto de hacerse hombre y luego divinizar al hombre, Lucifer mismo y sus ángeles guardan toda su "bondad" fundamental, es decir su inteligencia y su potencia, pero las usan de manera perversa. Son creados, y por lo tanto inferiores a Dios. Del mismo modo, nuestros instintos están hechos para servir al alma y al espíritu del hombre, y si no lo hacen por pura represión o por rebeldía salvaje (dos movimientos que se engendran uno a otro), se hacen diabólicos. No sólo permanecen en el "diábolo", la dispersión natural, el bullicio todavía informe, sino que parasitan y "diabolizan" el alma y el espíritu en lugar de dejarse alimentar, educar, iluminar por ellos, y así servirlos. Los parasitan y los convierten en esclavos.

Comprendemos también por qué el Cristo, en sus parábolas, compara el Reino de Dios a una vasta red de pesca donde se recogen los pescados; por qué elige a sus discípulos entre los pescadores del lago de Galilea para hacer de ellos pescadores de hombres; y por qué la entrada visible en el Reino se hace por el bautismo, cuyos símbolos vivos y potentes son el agua y el pez, las aguas de muerte y de vida, el Pez viviente y vivificante.

Finalmente, comprenderemos mejor por qué el símbolo de la unión y de la vida espiritual es la paloma que lleva el ramo del olivo de la paz, del pacto de la Alianza universal con Noé y todos los animales; y por qué el Espíritu Santo, sello y don de la comunión de los cristianos en el Cristo, se manifiesta bajo la forma de la paloma, volando sobre el Cordero de Dios, Jesús, bautizado en las aguas del Jordán.

Eros y Ágape

En el quinto Día, la aspiración de las almas vivas es un deseo vital, un fuego ascendente, un Eros en marcha hacia la altura y la luz, hacia el Ágape del Espíritu. Eros es esta forma universal y primera del amor que busca ardientemente recibir o tomar lo que le falta y le es necesario para vivir. Es un deseo sagrado y oscuro, pues nace en lo profundo de los abismos y de las aguas. Es un amor bello y bueno, pero ciego aun. Es el amor natural del niño hacia sus padres, el amor vital del hombre hacia la mujer y de la mujer hacia el hombre, el amor necesario del hombre por lo más grande y más rico que él, el Creador. Pues este Eros, como un fuego que siempre sube, tiende hacia lo Infinito, hacia Dios. San Gregorio de Nisa cantó este Eros místico, este amor loco del hombre por Dios. Aquí la Biblia revela el hallazgo divino del Amor en su pendiente más libre y luminosa. ¿Adónde puede subir más alto que el Dios Altísimo este fuego de amor que siempre sube? Lo vimos desde el tiempo cero de la creación, y aquí lo tocamos en el acto creador que desciende hasta el fondo de las grandes aguas: el infinitamente grande se supera en lo infinitamente pequeño. Lo infinitamente pequeño es la creación que Él crea, las aguas que fecunda por el soplo de su Espíritu, el hombre a quien pide la vida humana por la voz de su Verbo, su Hijo, que desciende a las entrañas de María. Entonces el fuego de amor es al mismo tiempo un agua viva, cuya pendiente natural es el descenso, el inclinarse hacia lo más pequeño, el ofrecer gratuitamente, el dar con humildad: un amor libre, luminoso, vigorosamente humilde, la caridad o amor gratuito. *Dios es Caridad.*

El mal está en separar las dos vertientes del amor vivo, en separar el amor carnal y el amor espiritual, el amor humano y el amor divino, el amor instintivo y necesario y el amor libre y gratuito. Y el bien está en unirlos en desposorios donde las dos vertientes del amor se llaman y se responden y corresponden: ésa es la responsabilidad nupcial, la exigencia de la Alianza. Desde las profundidades de las aguas del abismo donde bullen los dragones hasta la altura de los cielos en que cantan los pájaros, se tiende el camino de la metamorfosis cantado por los poetas, revelado por los mitos y los ritos antiguos. En nuestros días, una generación cansada y decepcionada por la insipidez y el moralismo de las religiones, está sedienta de vida y busca a tientas, ciega pero decididamente, esta energía potente, este amor transformador, este "amor durable" que Jacques de Bourbon-Busset describe y canta en su admirable Diario[6].

---

6.   Jacques de Bourbon Busset. *L'amour durable.* Paris : Gallimard, 1969.

Vamos a reencontrar este amor al sexto Día, con la creación del hombre y la mujer a imagen y semejanza de Dios, y sobre todo con la creación de la mujer en el Paraíso (2, 21-24). Pero desde este Día quinto, con la subida de las almas vivas, este amor nace, busca su camino y recibe la bendición de Dios. En efecto, la bendición aparece por primera vez en este Día, con las palabras mismas que encontraremos en el sexto. Los cinco verbos empleados aquí describen esta subida bendita de los vivientes: *bullir, llenar las aguas, fructificar, multiplicar* y *volar a la faz de la bóveda de los cielos*. Ellos la describen recapitulando los días del Génesis en marcha hacia el sexto Día. Esta bendición no puede mostrar mejor que Dios no está celoso del amor humano, de un Eros que Él mismo crea para colmarlo.

El Zodíaco cristiano

No en vano los grandes arquetipos del Zodíaco del Medio Oriente forman un inmenso bestiario, un zoológico humano, donde se alimentan y se reflejan nuestra psiquis ancestral y moderna, y nuestro deseo de viajar hasta los confines de nuestras posibilidades, de las que sólo utilizamos una ínfima porción. No en vano el Mesías es el Cordero inmolado y resucitado, carnero (Aries) cabeza de rebaño, Cordero que es León de la tribu de Judá, vencedor (Ap 5,5); no en vano Jesús es hijo de la Virgen y desciende a los infiernos del Dragón-Escorpión para liberar a los hombres; no en vano es el gran Sagitario, caballero blanco con su arco y su flecha (Ap 6,2; 19,11-16), y el Hombre que vierte el agua (Aquario) a la Samaritana y nos promete el agua viva del Espíritu; finalmente, no en vano es el gran Pez, el Gran *Ichtys* (anagrama de *Jesús Cristo Hijo de Dios Salvador*, en griego), con el que los primeros cristianos hicieron su signo secreto y rápidamente conocido. Éstos son, apenas, algunos ejemplos de la inmensa riqueza psíquica y espiritual de los SIGNOS del Zodíaco animal y humano, forjado por el alma antigua y contemplativa de los pastores y los magos de Oriente, que fueron los primeros en venir a adorar y reconocer al Niño Dios.

Hijos e Hijas del Día Quinto

Los hijos e hijas del Día quinto son tan maravillosos, variados y cambiantes como los vivientes. Los hombres y mujeres de este Día son hermanos de los animales: Noé, el patriarca viñador del Arca; David el pastor enamorado, músico y poeta de los salmos; Myriam Magdalith (María Magdalena), la bienamada del Evangelio; Francisco el Pobre, de pies descalzos y heridos; Carlitos, el hombrecito humillado. Zahoríes de aguas vivas y bullentes de peces, pastores de la amistad, pájaros cantores más que pensantes, enamorados de la eterna vida en la captación inmediata de la presencia real al presente, en "la mirada maravillada y misericordiosa por todo lo que vive" (Lanza del Vasto). Amantes y artistas, fugitivos y soñadores, marinos y aéreos, médicos y enfermeros, libran un combate no-violento y cantan una canción en que cada ser humano puede descubrir su nombre "animal"... Infinitamente variado es el bestiario humano, espejo y psiquis donde se reflejan las almas vivas. Es todo un zoológico zodiacal el arca de Noé, poblada de animales que se multiplican y se amansan, sabios y cándidos como serpiente y paloma, dulces y fuertes como cordero y león, ágiles como ciervos y sutiles como peces, caballo altivo o libre cigarra, ruiseñor romántico o gamuza silvestre, zorro amistoso como el del Principito.

Al atravesar las aguas de angustia y de muerte, las corrientes contrarias y las tempestades violentas, ¿quién, con humor y fantasía, con coraje y perseverancia, se hará médico-músico o domador no-violento, amigo como el Amigo de los hombres, para liberar el bien cautivo en el mal? ¿Para hacer renacer la vida de la muerte por el camino de la simple, la tan difícil, la tan poderosa fuerza del amor?

Hay que animarse, hay que saber "amar por el amor del amor" (Gianni Esposito)... espirar lo muerto y lo mortal, inspirar el amor para llegar así a respirar la vida inagotablemente nueva, de Día en Día más joven: la vida inmortal y bien amante, el aliento del "amor durable".

Los cinco signos

Id por todo el mundo.
Proclamad la Buena Nueva a toda la creación....
He aquí los signos que acompañarán a los que ten-
drán fe:
En mi Nombre, echarán afuera a los demonios,
hablarán lenguas nuevas,
agarrarán serpientes,
beber veneno no les hará ningún daño,
impondrán las manos sobre los enfermos
y se pondrán bien.

Últimas palabras de Jesús en
Mc 16, 15.17.18

Estos cinco signos significan y realizan la fe cristiana. Como los cinco dedos de la mano, son signos operantes, que en lugar de tomar y captar, saben tocar a la manera de Jesús, el Amigo de los hombres. El primero y el tercer signo (el del centro), se refieren a los espíritus malignos y a esos instintos no domesticados de los que nos hablan los dragones bíblicos, dragón del Apocalipsis (Ap 12) o serpiente de Moisés y de Jesús el Médico (Jn 3, 14-15). El segundo signo designa los carismas de los que habla San Pablo (1 Co 12.14): hablar según el Espíritu de Pentecostés en lenguas extranjeras, las de naciones diversas, y sobre todo hablar la lengua siempre nueva del Evangelio, proclamándola a toda la creación. Como Francisco de Asís y su discípulo Francisco Solano, apóstol de la Argentina, cuya voz encantaba y subyugaba a los hombres encerrados en la avaricia, a los aborígenes, a los peces del río, las bestias de la selva y las aves del cielo. El cuarto signo revela la fuerza no-violenta que hace invulnerables a los verdaderos testigos, extraña inmunidad; pero esta fuerza se recibe y se ejerce a través de un largo aprendizaje: es la fuerza propia del espíritu, que supera todas las fuerzas físicas y psíquicas y las impregna de verdad y de verdadero poder, el poder del servicio. Eso es lo que

manifiesta el último signo: imponer las manos sobre los que su-
fren el mal es el trabajo redentor y medicinal, obra de Vida cumplida por algunos vivientes a favor de otros, menos vivientes, que
aspiran a vivir la subida de las Almas Vivas.

> Todos los dragones de nuestra vida son quizás prin-
> cesas que esperan sólo vernos una vez bellos y va-
> lientes. Todas las cosas aterradoras, en su profundi-
> dad, son quizás sólo cosas inermes que esperan que
> las socorramos.

Rainer Maria Rilke.
Cartas a un joven poeta.

En la aventura de Tobías, el misterio está en que, a
partir de los remedios interiores del pez, el demonio
queda expulsado; Sara, liberada y desposada; y Tobías, iluminado. Todo esto lo hizo el Cristo, el Gran
Pez, por su Pasión, y purificó a María Magdalena, de
quien expulsó siete demonios como Tobías lo hizo
con Sara. El ICHTYS, interpretado por nuestros Padres en función de las letras sagradas descifradas
en los oráculos sibilinos, como Jesús-Cristo-Hijo-de
Dios-Salvador, es un remedio cocido en el fuego de
la Pasión. Esos remedios interiores nos iluminan y
curan todos los días.

San Próspero de Aquitania, siglo V

El gran Pez sacia con su substancia a los discípulos de
la ribera del lago, y se ofrece enteramente al mundo:
es el Cristo, cuyos remedios interiores nos iluminan
y alimentan todos los días.

Inscripción de las
Catacumbas de Roma

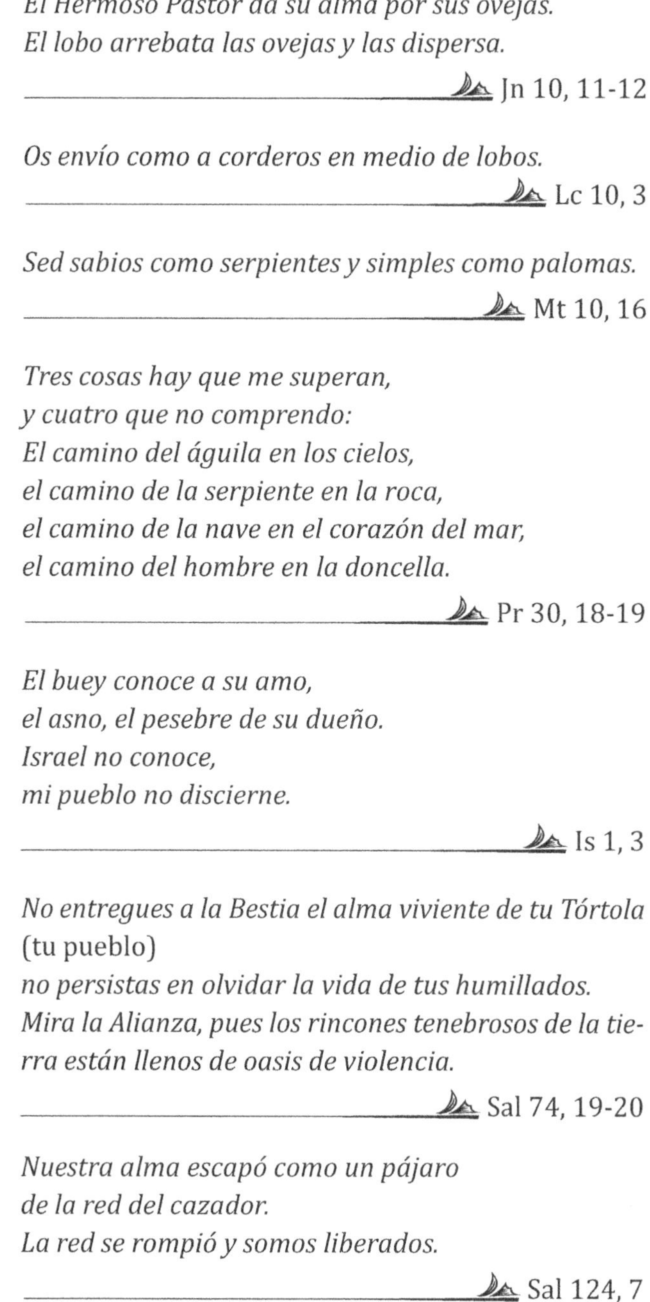

El Hermoso Pastor da su alma por sus ovejas.
El lobo arrebata las ovejas y las dispersa.

Jn 10, 11-12

Os envío como a corderos en medio de lobos.

Lc 10, 3

Sed sabios como serpientes y simples como palomas.

Mt 10, 16

Tres cosas hay que me superan,
y cuatro que no comprendo:
El camino del águila en los cielos,
el camino de la serpiente en la roca,
el camino de la nave en el corazón del mar,
el camino del hombre en la doncella.

Pr 30, 18-19

El buey conoce a su amo,
el asno, el pesebre de su dueño.
Israel no conoce,
mi pueblo no discierne.

Is 1, 3

No entregues a la Bestia el alma viviente de tu Tórtola
(tu pueblo)
no persistas en olvidar la vida de tus humillados.
Mira la Alianza, pues los rincones tenebrosos de la tie-
rra están llenos de oasis de violencia.

Sal 74, 19-20

Nuestra alma escapó como un pájaro
de la red del cazador.
La red se rompió y somos liberados.

Sal 124, 7

He aquí el mar grande, anchuroso en sus brazos,
con su bullicio innumerable,
los animales pequeños con los grandes.
Allí transitan las naves,
y el Leviatán que modelaste para jugar con él.
Todos ellos esperan en Ti,
para que les des alimento a su tiempo.
Tú les das, ellos recogen,
abres tu mano, se sacian de bien.
Escondes tu Rostro y se espantan,
les quitas su aliento, expiran y vuelven a su polvo.
Envías tu Espíritu, y son creados,
y renuevas la faz de la tierra.

Salmo cósmico, 104, 25-30

Alabad al Señor, monstruos marinos y todos los abis-
mos, serpientes y pájaro alado.

Sal 148, 7.10

El Pastor	se hizo Cordero
El Pescador	se hizo Pez
El Verbo	se hizo Carne
La Gloria	se hizo Cruz
Dios	se hizo Hombre

DÍA SEXTO:
Los animales y el hombre

24	Dios dice:	*La tierra hará salir almas vivientes según su especie,*
		ganado, reptiles, animales de la tierra según su especie.
	Y así es.	
25	Dios hace	*el animal de la tierra según su especie,*
		el ganado según su especie,
		todo reptil del humus según su especie.
	Dios ve:	*¡Qué bueno es!*
26	Dios dice:	*Haremos un humano a nuestra imagen para nuestra semejanza,*
		y dominarán el pez del mar,
		el ave de los cielos,
		el ganado, toda la tierra,
		todo reptil que repta sobre la tierra.
27	Dios crea	*el hombre a su imagen,*
		macho y hembra los crea.
28	Dios los bendice	
	y Dios les dice:	*¡Fructificad! ¡Multiplicad!*
		¡Llenad la tierra! ¡Sometedla!
		¡Dominad el pez del mar, el ave de los cielos,
		todo viviente que repta sobre la tierra!
29	Dios dice:	*He aquí: os doy toda planta*
		que siembra su semilla
		sobre toda la faz de la tierra,
		Y todo árbol que lleva su fruto
		y siembra su semilla
		es para vosotros, para comer.
30		*Y a todo animal de la tierra*
		y a toda ave de los cielos

y a todo reptil sobre la tierra que tiene alma viviente
les doy toda planta verdeante para comer.
Y así es.

31   *Dios ve*   *todo lo que hace, y he aquí: ¡es muy bueno!*
Y atardece y amanece: el Día Sexto.

Este texto del sexto Día abarca casi un tercio del relato. Subraya así que el hombre recapitula en sí los primeros Días del Génesis. Las palabras creadoras octava y novena están estrechamente unidas y enmarcadas por la séptima palabra, que se refiere a los animales terrestres, y por la décima, que se refiere al alimento del hombre y de todos los animales. Además, los vivientes del quinto Día están unidos a los del sexto Día en la realeza que el hombre recibe sobre toda la tierra.

Los Días Tercero y Sexto

Los Días sexto y tercero se corresponden, y son los únicos que contienen cada uno dos obras creadas: al tercer Día, la tierra, y luego el surgimiento de **la vida** verdeante cuya forma aparece en el árbol vertical y fructuoso; al sexto Día, los animales de la tierra, y luego el nacimiento **del espíritu** consciente cuya forma aparece en el hombre de pie y fecundo. El segundo relato de creación, el del Paraíso, nos revelará la relación íntima que existe entre el árbol y el hombre. Pero ya ahora la creación del hombre se termina sobre la perspectiva del alimento vegetal, fruto de las plantas y de los árboles.

Los animales de la tierra, como los del quinto Día, están clasificados según sus especies y distribuidos en tres grupos: el ganado, los reptiles de todo tipo, y los vivientes de la tierra o bestias salvajes. Todo se ve en relación con el hombre, como lo subrayan las bendiciones que se le otorgan.

La creación del hombre

> *Dios dice: Haremos un humano* (Adán) *a nuestra imagen para nuestra semejanza.*

Este verbo en plural para el Dios único es sorprendente y ha suscitado numerosas interpretaciones:

> La exégesis hebraica, para escapar al riesgo de una lectura politeísta de la Biblia, declara aquí que antes de entregar la creación a su jefe, el hombre, *Elohim* (Dios) quiso consultar a todos los que había creado, incluso los ángeles. De ahí el empleo del plural, inmediatamente corregido en los versículos siguientes por la vuelta al singular. Esta implosión del plural es eficaz para subrayar la importancia única del hombre en las jerarquías del universo: la totalidad de lo real preside a su creación.
>
> André Chouraqui

> Aquí aprendemos la humildad del Santo, Bendito sea… Dios consulta a su Concejo, y nos enseña que el que es superior debe tomar consejo de su inferior.
>
> Rachi

Los Padres de la Iglesia vieron en este plural un anuncio velado de la Santa Trinidad, y estudiaremos luego el sentido de esta interpretación. Muchos exégetas modernos lo interpretan como un simple plural de majestad. Pensamos que se trata de mucho más, de un plural de plenitud ya indicado en la forma plural del nombre *Elohim*, que designa a Dios, el Dios trascendente, el Dios de la justicia, nombre que se utiliza siempre con verbos en singular. Pero aquí el verbo está en plural, y ampliando la interpretación judía del Creador consultando a sus criaturas, pensamos que se trata de un plural de participación, que incluye al hombre en el momento de su creación. Es un llamado a la participación que el hombre tiene en su propia génesis. Una palabra de Chouraqui nos confirma en ese sentido:

> *Haremos*, empleo rarísimo de un verbo en plural cuando es Dios quien habla. Aquí, como en 3, 22 y 11,7, se trata de relaciones del Único con la totalidad de los humanos.

Hay múltiples interpretaciones, judías y cristianas, sobre el sentido de la imagen de Dios en el hombre. No se oponen entre sí, e indican finalmente que el hombre, físico, psíquico y espiritual, personal en su unicidad y comunitario en su unidad natural, está formado y estructurado con el sello de la imagen divina. Pero si queremos seguir al texto muy de cerca, hay que considerar primero que la imagen está inmediatamente puesta en relación con la dualidad fundamental del hombre, con el hecho de que fue creado plural: *Macho y hembra los crea,* hombre y mujer, y por lo tanto, comunidad de personas llamadas a la comunión en el uno, como veremos en el segundo relato de Creación. El Creador prepara ya su Alianza con el hombre, alianza de tipo conyugal, cuya imagen viviente son las bodas humanas. Pero esta imagen encuentra su modelo real en un Dios personal que establece el diálogo con su criatura y desea que ella participe de su propia vida, en imagen y semejanza: su vida consciente, amante y libre. Chouraqui cita la Cábala, que toma la expresión bíblica al pie de la letra:

> El hombre es el microcosmos del universo y de su Creador; él presenta 'la sombra', *tzel,* proyectada en la tierra, de Adonai IHVH (el Señor) de quien es la réplica (*tzelem,* imagen, icono). El repliegue de Adonai IHVH sobre Sí mismo, *tzimtzum,* permite, por amor, la proyección del mundo creado y de su jefe, el hombre, hijo y padre del amor.

La Biblia nos obliga a partir de Dios para ir hacia la creación. Dios es la Realidad luminosa y viviente, personal y amante; nosotros somos la sombra real, la imagen proyectada por su Luz Increada e Infinita.

Pero una imagen puede ser más o menos semejante. Los Padres de la Iglesia interpretan la semejanza como la vocación del hombre, creado a Imagen de Dios, es decir *de su Hijo bienamado, Imagen del Dios invisible, Primogénito de toda criatura, en quien todas las cosas son creadas en los cielos y en la tierra* (Col 1,15). Esta vocación exige del hombre que asemeje de más en más su imagen creada a su modelo divino, la Tri-Unidad, Dios único en su Naturaleza y Triple en sus Personas. Para los Padres, la semejanza es la realización deificante de la imagen. Esta semejanza, deformada por el pecado, es ofrecida de nuevo en el perdón que se otorga enseguida al hombre. Pero éste debe, sin embargo, realizarla libre y progresivamente gracias al Espíritu Santo. La imagen es inamisible y sellada para siempre en nuestra naturaleza. Pero

a menudo permanece dormida, olvidada, cautiva y deforme, es decir, muy poco semejante.

El propósito de Dios, subrayado por *la bendición* dada al hombre, concierne también a la imagen en su aspecto externo: hacer participar al hombre, no sólo de la vida íntima de Dios, sino de su señorío universal, haciendo de él el responsable, el rey de la creación. El hombre recapitula toda la creación, no únicamente en su propio ser, sino también en su realeza sobre todos los vivientes de los mares, de los cielos y de la tierra, y sobre toda la tierra. Rachi nota que el verbo hebreo *dominar* puede también ser comprendido como descender, decaer: "*Que dominen*, palabra de doble faz: dominación o decadencia. Si tiene mérito, el hombre domina; si no, desciende más bajo que la bestia, y la bestia lo domina". Para participar del gobierno divino de la creación, el hombre debe ser primero rey de sí mismo, responsable, a semejanza de Dios de Quien es la única verdadera imagen.

Doblemente imagen de Dios: de su vida personal e íntima de relación, y de su vida fecunda y creadora. El hombre ve que su imagen y su semejanza se dibujan de manera más fina algunos versículos más lejos, en el segundo relato de creación, inseparable del primero en lo que concierne al hombre:

El humano del humus

> *El Señor Dios forma al humano*, adam, *polvo del humus*, adamah.
> *Insufla en sus narices aliento de Vida.*
> *Y el humano*, adam, *es un alma viviente.*

 (2, 7)

El parentesco del hombre con la tierra y los animales resalta aquí: la misma palabra, en masculino o femenino, designa al humano, *adam*, y al humus fértil de la tierra, *adamah*. La palabra *dam* significa sangre. La primera letra de *adam*, a, *aleph*, indica que la energía "infinita" penetra esta materia viva, vibrante, misteriosa que es la sangre, *dam. La sangre es la vida*, repite la Biblia. La tierra fértil es el seno maternal y nutricio de los vivientes, animales y humanos designados por la misma palabra, *alma viviente.* Pero el hombre recibe inmediatamente de Dios, sin la mediación del humus, un aliento de Vida que lo diferencia de los animales. Sin embargo, el hombre sigue siendo terrestre, fruto de toda la génesis creadora de los primeros Días, polvo del humus. Esto nos indica la *humildad*, misma palabra que *humus y humano*, la humildad magnífica de nuestra condición humana hecha a imagen de Dios, nuestra verdad esencial. Hombres del sexto Día, somos:

- Materia energética, luz invisible y original del Día Uno, núcleo de nuestra condición física;
- Materiales diferenciados y construidos en el seno de las aguas del segundo Día, estructura microcósmica de nuestra condición corporal;
- Materiales surgidos, salidos de la tierra en el movimiento ascendente de la vida, organizada en forma de árbol fructuoso del tercer Día, forma de nuestra condición biológica y vital;
- Materiales dirigidos y orientados según los ritmos solares y planetarios del cuarto Día, reloj de nuestra condición temporal;
- Materiales animados por el bullicio de tendencias psíquicas y de movimientos múltiples del quinto Día, transformación ascendente de nuestra condición animal;
- Materiales finalmente "imaginados", inventados por Dios según su Imagen personal y para su Semejanza divina en el Día sexto; conciencia de nuestra condición espiritual, en marcha hacia la libre responsabilidad y su cumplimiento.
  Día de nuestra condición humana, masculina y femenina, personal y comunitaria, condicionada por los seis primeros ritmos del Génesis y libre hacia su séptimo ritmo, abierto y por venir.

Por la fuerza de este arraigo y de este parentesco, y por la sabiduría de nuestra responsabilidad como Imagen de Dios, estamos llamados a reinar sobre la creación. Este reinado debería permitir a todas las criaturas que prosigan su génesis ascendente hacia una hominización, gracias a la deificación del hombre por el Espíritu Santo, como Imagen Semejante del Creador. Somos creados criaturas y co-creadores, pero nos convertimos en tiranos destructivos y finalmente esclavos cuando, deshumanizándonos a nosotros mismos, explotamos la tierra, contaminándola, y matamos a los animales por placer, en lugar de hacernos sus "amigos". Y así arruinamos la creación entera.

La grandeza del hombre

El Salmo 8 canta la grandeza del hombre del sexto Día, coronado por Dios para dirigir las obras de sus manos, aunque los astros, obra de los dedos de Dios en los cielos le parezcan primero desmesurados para el hombre. Pero el hombre es coronado rey de la creación, aunque inferior a los ángeles, y por él el Señor es cantado por toda la tierra.

> *¡Oh Señor, Señor nuestro,*
> *qué magnífico tu Nombre por toda la tierra!*
> *Tu majestad se alza por encima de los cielos.*
> *Fundas una fortaleza frente a tus enemigos,*
> *para acallar al adversario y al defensor.*
> *Cuando contemplo los cielos, obra de tus dedos,*
> *la luna y la estrellas que dispusiste,*
> *¿qué es el hombre para que lo recuerdes,*
> *el hijo del hombre para que los visites?*
> *Apenas menor que un dios,*
> *lo coronas de Gloria y resplandor.*
> *Le haces regir las obras de tus manos*
> *y pones todo bajo sus pies.*
> *Las ovejas y los bueyes*
> *y hasta las bestias salvajes,*
> *los pájaros del cielo y los peces del mar*
> *que pasan por las sendas de los mares.*
> *¡Oh Señor, Señor nuestro,*
> *qué magnífico tu Nombre por toda la tierra!*

El salmista se maravilla de la grandeza del hombre situado entre los cielos y la tierra para dirigir (el mismo verbo empleado en el cuarto Día) a todos los vivientes.

Ezequiel, el profeta sacerdotal, poco anterior a los autores de nuestro relato, contempla a Dios a través de su semejanza: la visión de un hombre en medio de la Gloria del Señor y de sus energías vivificantes (Ez 1). La palabra *imagen*, empleada para designar la grandeza del hombre en su relación con Dios, es también la palabra que designa al ídolo, y contiene un significado cultual. En el templo de su creación, Dios sitúa al hombre como la única imagen digna de Él, su icono litúrgico, su testigo sacerdotal encargado de guiar la universal alabanza de sus criaturas (Sal 148-150; Dn 3,51-90).

Al mismo tiempo, el hombre participa en la victoria del Creador sobre el caos, y todo está puesto bajo sus pies: el verbo *pisar, hollar*, es traducido como *someter* (la tierra); designa el gesto ritual que marca el feliz resultado de un combate, la responsabilidad cumplida, la realeza victoriosa. Este señorío de tipo mesiánico será cumplido por Jesucristo en su primera venida, y más plenamente aun en su venida gloriosa al final de los tiempos. Pero ya las promesas hechas a Abraham, un pueblo (su simiente) y una tierra, encuentra aquí su correspondencia universal. Los verbos de la bendición *fructificar, multiplicar, llenar* la tierra, *someterla* poniéndola bajo sus pies como un escabel real, retoman verbos empleados por el Génesis de los Patriarcas y el Éxodo de Israel, y luego por los Hechos de los Apóstoles (crecimiento del pueblo cristiano). Toda la tierra está "prometida" y todos los hombres formarán el pueblo de Dios. El universalismo del Génesis es contemporáneo a la prueba del exilio y de las instrucciones que el profeta Ezequiel y el segundo Isaías dan al pueblo de Israel, privado de su tierra y de su estatuto de pueblo libre. Pero no está privado de la Gloria de Dios que desde ahora lo acompaña por todos lados, más allá de su templo material. Es el sentido fecundo de la diáspora, de la dispersión de los hijos de Dios en el seno de las naciones, a la manera de los vivientes dispersos en el seno de las aguas: dispersión que es fructificación bendita y multiplicación fecunda.

La bendición y la comida

El acto de *bendición* llena la novena palabra creadora. Iniciada al tercer Día por la presencia del árbol fructuoso, celebrada al quinto Día a favor de los vivientes de las aguas y del cielo, la bendición dada por Dios al hombre retoma los verbos *fructificar, multiplicar, llenar*, verbos que resuenan en los Días tercero, cuarto y quinto. La bendición al hombre agrega los verbos *someter* la tierra y *dominar* todas las especies de vivientes en el mar, los cielos y la tierra. El hombre recibe la dirección de la creación que lo relaciona con todos los vivientes. Esta realeza es un servicio que nunca debería transformarse en servidumbre y opresión. Ése será el tema del libro del Éxodo. La palabra *todo*, empleada 17 veces en el relato, es repetida 12 veces sólo en el sexto Día, subrayando la recapitulación total de la creación en el hombre. Esta realidad se fortalecerá plenamente en el nuevo Adán, el Cristo.

La décima palabra de Dios ofrece al hombre el camino cotidiano necesario para cumplir su misión: es un sexto verbo, el acto de *comer*. El parentesco entre los Días tercero y sexto se manifiesta en este alimento vegetal que debe hacernos fructuosos. De la primera propuesta de Dios en el Paraíso hasta las últimas respuestas y cumplimientos del hombre en el Apocalipsis, la Biblia representa el drama del hombre a través del acto de comer y del arquetipo del árbol. Notemos ya que esta historia dramática y victoriosa se representará alrededor del rito del pan, del vino y del aceite. Las diversas Alianzas se anudarán en la ofrenda del pan y del vino, es decir el cuerpo y la sangre, y de la unción del óleo, símbolo del Espíritu mesiánico. En el segundo relato de creación, veremos el parentesco del hombre y de los animales, puesto aquí de relieve por la misma alimentación vegetal. La Alianza de Dios con Noé y todos los vivientes cambiará ese régimen y con él la relación del hombre con los animales.

Haces germinar el pasto para las bestias
y las plantas para el trabajo del hombre,
para que saque pan de la tierra.
Y el vino que alegra el corazón del hombre,
el aceite que hace relucir el rostro,
y el pan que fortalece el corazón del hombre…
Todos ellos esperan en Ti,
para que les des alimento a su tiempo.
Tú les das, ellos recogen,
abres tu mano, se sacian de bien.

Salmo cósmico, 104,14-15.27-28

Dios nos da a conocer el Misterio de su voluntad,
su designio benévolo, decidido en Sí mismo,
con miras a la economía de la plenitud de los tiempos:
Recapitular todo en Cristo,
lo que está en los cielos y lo que está en la tierra.

Ef 1, 9-10

Dios ve todo lo que hace y he aquí: ¡es muy bueno!
Y atardece y amanece: el Día sexto.

Gen 1, 31

Somos un cuerpo sacado de la tierra y un alma que recibe de Dios el espíritu. En eso se convirtió el Verbo de Dios, recapitulando en Sí mismo la obra por Él modelada. Por eso se proclama Hijo del Hombre, y declara: *Venturosos los mansos, ellos heredarán la tierra…* El Señor recapituló en Sí todas las naciones dispersas a partir de Adán, todas las lenguas y las generaciones de los hombres. Por eso Pablo llama a Adán *el prototipo de Aquél que debía venir* (Rm 5, 14), pues el Verbo, Artesano del Universo, había bosquejado en Adán la futura economía de la humanidad, con la que se revestiría el Hijo de Dios… Modelando a Adán, Dios plantó la viña del género humano.

San Ireneo de Lyon,
Contra las Herejías, Libro III

¿Cuál es pues esta imagen de Dios a cuya semejanza fue hecho el hombre? Sólo puede ser nuestro Salvador: *Él es el primogénito de toda la creación, la Imagen del Dios invisible* (Col 1, 15)… Es a la semejanza de esta Imagen que el hombre fue hecho. Así nuestro Salvador, que es la Imagen de Dios, movido de compasión por el hombre que había hecho a su semejanza y que renunciaba a su imagen para revestir la del maligno, tomó Él mismo la imagen del hombre… *y se aniquiló a Sí mismo* (Flp 2,8). Y todos los que vengan a Él, serán renovados cada día según el hombre interior, a imagen de Aquél que los hizo. Así pueden convertirse en *semejantes a su cuerpo de claridad* (Flp 3, 21)… Tengamos siempre los ojos fijos en esta Imagen de Dios, para poder ser formados de nuevo a su semejanza.

Orígenes. *1ª Homilía sobre el Génesis*

Dios creó al hombre a su imagen, sobre el modelo hecho para él. Todo fue creado por la palabra de Dios. Sólo el hombre fue creado, en cierto modo, por la mano de Dios. *Pusiste sobre mí tu mano* (Sal 139,5). Fue hecho por medio de un sello, como una moneda que se acuña con una marca que en francés se llama *coin*, cuño. Así se transforma como la arcilla bajo el sello.

Rachi

La persona

El rabino Josy Eisenberg interpreta este modelo hecho para el hombre como la unicidad que distingue al hombre de las otras criaturas, mientras que los animales fueron creados según sus especies. Agrega que los rabinos, conscientes de una posible reproducción en serie a partir de un molde, de un único sello, dicen: "Todos estamos hechos en el mismo molde y sin embargo, todos los hombres son diferentes". Que cada uno sea único en el mundo, a imagen del Dios Único, subraya nuestra persona, absolutamente única en cada individuo. Persona que funda la dignidad y los derechos y deberes de cada hombre, cualesquiera sean sus cualidades o defectos individuales. Esta Persona espiritual es alguien, absolutamente distinta de ese algo que es la personalidad física o psíquica. Y no hablemos del personaje social, modelado por el ambiente; o la personalidad que es una dosis individual de energías y de rasgos comunes a la naturaleza una y universal de todos los hombres. Los biólogos modernos descubren que las partículas, las células vivas de las que estamos formados, están estrictamente individualizadas. Y sin embargo, es un material común a todos, es un molde único y universal, pero con un código genético particular, individualizado a partir de los elementos comunes. La distinción absoluta entre nuestra naturaleza universal, aun individualizada, y nuestra Persona Única es la que existe entre algo y alguien responsable y libre. Sólo la revelación de la Trinidad de Personas en la única naturaleza de un Dios Uno aclara la relación antinómica entre nuestra naturaleza y nuestra Persona.

Hijos e Hijas del Día Sexto

Los hijos y las hijas del Día Sexto son, entre los hombres y las mujeres, los más completos y responsables, porque responden a los cinco primeros Días, a los que recapitulan. Luchadores no-violentos en la ciudad, trabajadores de justicia y paz, disciernen y comparten las verdaderas necesidades de su tiempo y su espacio. En este siglo donde se multiplican los deseos y se complican las necesidades de todo tipo (las más injustas, artificiales y nocivas), ellos son pobres y mansos (ni duros, ni blandos), simplifican las necesidades y los deseos y revelan el sentido y la sabiduría que es un saber sabroso, un saber viviente, un saber vivir: ¡Saber Vivir de Amor!

En su dolor de parto del Mundo-que-viene, comparten la esperanza, una esperanza que se puede leer en la serenidad y el gozo de su rostro, en los esfuerzos de sus manos. Compañeros de pena, servidores de los más sufridos, son obreros pacientes y fuertes, impacientes y calmos. Ignoran el fanatismo partidario, el oportunismo fatal y el triunfo tan falso como vano. Forman parejas completas y hospitalarias, equipos eficaces por la eficacia de las Bienaventuranzas del Evangelio. Forman comunidades comunes, a medida humana, en la encrucijada de los destinos del Hombre-que-viene, el Hombre Nuevo. El hombre del Día sexto es un rey porque es servidor, co-responsable comunitario.

¿Qué es la comuna, la comunidad rural o urbana, errante de ciudad a campo o marina de un continente a otro? Es la vida común, en que cada uno de los dos o los tres, de los siete o los doce que forman la comunidad, co-responsable con otros dos o tres o siete o doce, respeta y comparte, reconoce y comunica la vocación singular y común de cada uno, gracias a la vida espiritual. Esa vida es respiración de nuestro espíritu en el Espíritu Santo; vida exterior y vida interior en que el espíritu, que libera y transforma, se derrama sobre la persona profunda y renueva el ser entero; vida que recibe, ofrece y perdona, a la manera de Dios. Para darnos su Vida divina, Él empezó por recibir, humilde y largamente, nuestra vida humana, con su hermosura y también su debilidad, su trágica herencia y su esperanza, después de habérsela pedido a María, hija de Israel.

> Amantes y sabios, que tenéis el genio,
> la paciencia y el gusto de profundizar la vida,
> todo lo que podemos y todo lo que somos;
> amantes y sabios, decid: ¿qué es el hombre?...
> Este **cuerpo** hecho para el hambre y la sed
>   y el esfuerzo
> y la vejez y el temblor y la muerte...

O este universo, armonía perfecta
cuando el **espíritu** lo alumbra y el **alma** en él se
    refleja.

Amantes y sabios, decid: ¿qué es el hombre?...
Nuestros pies se bañan en el agua, mas la fuente
    se oculta,
hay que buscarla solo, muy alto en la montaña,
como el verdadero amor al fin del sacrificio.

Se tiene sed, se renuncia, se bebe donde se está,
    se ama como se puede,
se comparten los vicios, los días de plenitud y
    los años de vacío.
Se adiestran en el placer, jamás en dominarse,
se cubren de fango y se idealizan,
los hombres de un lado, las mujeres del otro,
nunca en verdad unidos, nunca en verdad sinceros,
orgullosos y habladores.
Se mueren, se acompañan,
razonando sobre este mundo y razonando sobre el
    otro,
dejan esta vida sin haberla entendido,
desnudos y con pena entran y salen del tiempo.
Y el más amante y el más sabio,
el que se extasía y el que persevera,
después de tantos años, después de tantas penas
sabe reconocer en todo el gusto del polvo...

Mas a veces se alza un canto, un canto de amor
que cura al enfermo y ofrece la esperanza,
el canto de los despreciados, la voz tan clara de los
    que vivieron,
de los que sufrieron con humildad y con inteligencia.

Y un mundo se despierta donde reina la luz,

un mundo donde el amor y el agua tienen otra esencia.
El amor es claro como las más puras fuentes,
¡y el agua, como el amor, da, da la vida,
y el agua, como el amor, da, da la vida!

Gianni Esposito

Ora para dar gracias y cantar gloria.
Ora para participar del crecimiento de los árboles,
de las hojas en el viento, de los pájaros en la luz,
de los trabajos de los planetas ilustres,
del éxtasis de los astros establecidos para siempre
en la verdad.

Lanza del Vasto

La Gloria de Dios es el Hombre viviente; la vida del
Hombre, es la visión de Dios.

San Ireneo de Lyon

EL DÍA SÉPTIMO

2

1   *32*   *Se cumplen los cielos y la tierra y todo su ejército.*

2   *33*   *Dios cumple en el Día Séptimo la obra que hace,*
cesa en el Día Séptimo la obra que hace.

3   *34*   *Dios bendice el Día séptimo y lo consagra,*
porque en él cesa toda su obra:
[la] que Dios crea para hacer.

4   *35*   *Éstas son las Generaciones*
de los cielos y de la tierra en su creación.

Cumplimiento

He aquí el cumplimiento y la plenitud, el Día séptimo. Es el cumplimiento de los cielos y de la tierra con todo su *ejército*. Esta palabra, *tzaba*, designa a la vez un verbo: reunirse, congregarse para un servicio; y un sustantivo: ejército, asamblea, tiempo de servicio. Se trata aquí de los ejércitos de los cielos, de la tierra y de los mares, es decir, de la reunión de todas las energías que llenan los cielos y la tierra, de todas las criaturas que pueblan el mundo. Significa también, en especial, los ángeles y los astros, frecuentemente relacionados, y los ejércitos de lo alto, ejércitos de los cielos (Is 49,26). En plural, la palabra se convirtió en uno de los Nombres de Dios: *Tzabaoth*, el Dios de todas las criaturas.

El verbo empleado para decir "cumplir", "acabar", viene de la raíz *kol*, todo, totalidad. Significa primero que todas las unidades de la creación están terminadas en su contenido, acabadas en su organización. Pero, para la mentalidad hebraica, esto no significa ni la perfección ni la plenitud final.

Esta raíz *kol*, que designa la totalidad, dio también nacimiento, en hebreo, a otro verbo, *kaloh*, que designa el agotamiento, la extinción, la limitación… En lugar de insistir sobre la plenitud de lo que se encuentra en el círculo, se pone el acento sobre el hecho de que un círculo queda trazado… El cumplimiento de la creación es total, pero relativo. La perfección está en el movimiento y en la posibilidad histórica de avanzar hacia ella. Lo limitado, lo relativo son perfectos en el proyecto divino, y no lo infinito, lo ilimitado, lo indeterminado. Encontramos el tercer sentido de la palabra *vaykulu*, que viene de *keli*, instrumento. Según el Midrash, este mundo es un conjunto acabado, estable, que contiene todo lo necesario para el proyecto divino; es un instrumento para el shabat, para el cumplimiento del hombre… Dios puso fin al crecimiento de fuerzas naturales, un crecimiento necesariamente un poco anárquico. Dios las encerró en una ley-marco… Una de las funciones del Creador es poner un tope a su creación: el cielo, la tierra y su ejército quedaron contenidos. Pues ese término *contener* designa tanto el contenido de las cosas, la totalidad, como el hecho de que las cosas queden contenidas. En cierto sentido, Dios contuvo su fuerza, que es infinita, y el control de su fuerza es considerado en el judaísmo como la más grande prueba de su potencia… Este límite tiene un nombre preciso y se encarna en el shabat.

J. Eisenberg y A. Abecassis

Encontramos pues, al final de los Días del Génesis, la ley tan misteriosa de la *kenosis,* del límite divino que presidía el comienzo. Y el shabat es el *Día en que Dios cumple la creación* en ese sentido: pone un límite con miras a una plenitud. El verbo empleado, *shabat*, significa *cesar*, y de él deriva en hebreo moderno la palabra *shevita*, que designa la huelga. En cuanto al reposo (que en muchas traducciones remplaza al verbo *cesar*), es un tema bíblico más tardío.

El shabat "refleja el conjunto de la Creación, es de ella el prisma esencial" (Josy Eisenberg), marca la relación entre Dios y el hombre, y por vía de consecuencia, entre el hombre y el hombre. Seis días están llenos del trabajo de creación, pero en el séptimo Día la creación continúa de otra manera: se cumple. Dios no detiene nunca su actividad eterna: *Mi Padre trabaja siempre y Yo también trabajo* (Jn 5,17), dirá Jesús. El shabat es el comienzo de la Nueva Creación, el comienzo arquetípico y litúrgicamente semanal del perfeccionamiento pleno de la creación, realizado por el hombre unido a Dios. Es el tiempo, no de no hacer nada y aburrirse, sino de hacer algo distinto y de otra manera; ya no es el tiempo utilitario de la necesidad, sino el tiempo gratuito y libre, personal y comunitario, contemplativo y festivo. Sin ese ritmo liberador, inventado por los semitas, especialmente los hebreos, y conservado por los judíos, el hombre se hace esclavo de la creación, y a su vez la esclaviza y la explota, destruyéndola. Es el resultado de una economía de puro provecho y consumo, de crecimiento ilimitado e injusto, totalmente opuesta a la manera divina de actuar.

Bendición y consagración

Por eso, el séptimo Día queda a la vez bendito y consagrado. La bendición fructuosa de los vivientes, animales y hombres, se cumple aquí en el tiempo: el séptimo Día es como el condensador de las energías de fecundidad, de bendición y de santidad divina, la *consagración.* Como el templo en el espacio, el shabat no existe más que para irradiar sobre el resto del tiempo, sobre los días que lo preceden y lo siguen. La tradición mística judía cuenta los siete Días a partir del miércoles, día de los astros y comienzo del tiempo cósmico, hasta el martes, de modo que el shabat aparece como el día central en la liturgia, en la "construcción del tiempo" según la expresión de Abraham Heschel. La pedagogía del shabat consiste en poner un freno a las actividades utilitarias y necesarias del hombre, un freno a sus excesos destructores, y sobre todo, iniciar un ritmo diferente, santo, sagrado: la diferencia o corte "separador" es la ley de la creación, y mucho más aun en su cima suprema que no es el hombre del sexto Día, sino *el Día bendito y consagrado, el séptimo*. Si el hombre se niega a pasar del seis al siete, del hombre condicionado, síntesis real de la creación, al hombre espiritual y libre, se encierra entonces en el 666, número de la Bestia totalitaria y deshumanizante del Apocalipsis.

> *A todos, pequeños y grandes, ricos y pobres, hombres libres y esclavos, la Bestia les pone una marca sobre la mano derecha y sobre la frente, para que nadie pueda comprar o vender, salvo los que tienen la marca, el nombre de la Bestia o la cifra de su nombre. Ésta es la sabiduría: Quien tenga inteligencia, calcule la cifra de la Bestia; sí, es una cifra de hombre; es la cifra 666.*
>
> Ap 13, 16-18

El Día séptimo forma una inclusión con el tiempo cero, que se muestra en las expresiones antinómicas del comienzo y el fin del texto de los siete Días:

Del *caos informe*	a la plenitud: *cumplir;*
Del *vacío*	a *los ejércitos de los cielos y de la tierra;*
De la *tiniebla*	a la luz septuplicada del *séptimo Día;*
Del *abismo* y de las *aguas*	a la construcción de los *cielos* y de la *tierra;*
Del vaivén del soplo del Espíritu de Dios	al reposo de ese Espíritu, el shabat, por la *consagración, santificación de ese Día* en el Espíritu *Santo;*
Del principio de *distinción* de Días y de Criaturas	al *Día* distinto del *shabat* en que todo se *junta* plenamente, gracias a esta distinción sagrada.

Se verifica plenamente la ley doble y una de la distinción sin separación y de la unión sin confusión, ley absoluta de la relación.

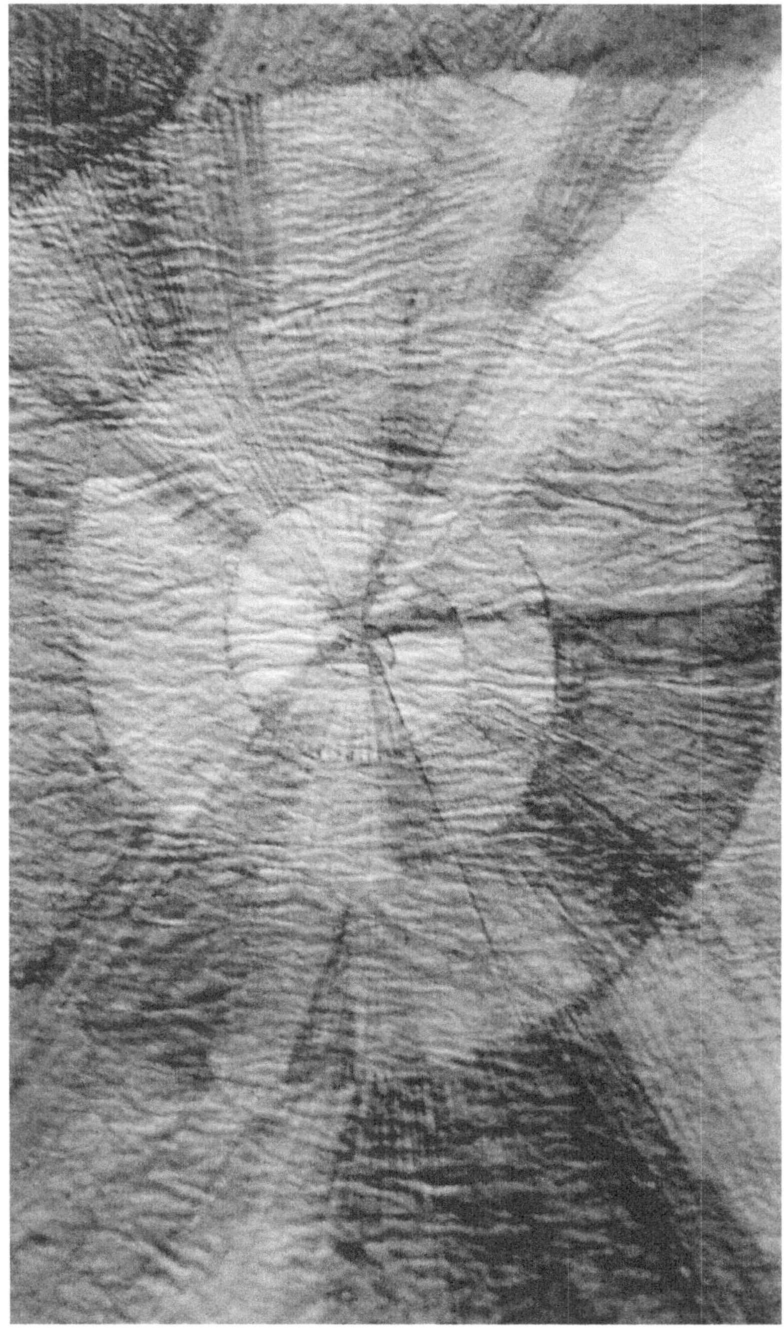

El séptimo Día es el de la relación entre el Creador y su creación, entre Dios y el hombre y entre el hombre y todas las criaturas: día de comunión personal y comunitaria, día litúrgico y fiesta semanal.

Los judíos llaman al shabat *la novia, kala*, otra palabra que deriva de una raíz cercana a *kelo*, "acabar", y *kol*, "todo"; esta raíz es *kalal*, "perfeccionar, acabar". El novio es Israel, que representa a la humanidad y la creación, desposados por un Dios que hace Alianza con el hombre. Ésta es la inaudita propuesta que el Creador nos hace en este Día, ofreciéndonos una relación de amor con Él, y por lo tanto, una responsabilidad consciente y libre.

> Hay una verdadera fecundación de los seis primeros Días por el séptimo. Esta relación creadora queda precisada de manera espectacular por un comentador, que nos muestra que las últimas dos palabras del capítulo I, *Yom Hachichi* (6º Día), comienzan uno por la letra Iod, otro por la letra He. Son las dos primeras letras del Nombre divino, el Tetragrama. Y las dos primeras palabras del capítulo II, *vaykhoulou hachamaim* (y fueron acabados los cielos) comienzan a su vez por un Vav y un He, las dos últimas letras del Tetragrama.
>
> | | |
> |---|---|
> | Iom | I |
> | Hachichi | H |
> | Vaykhoulou | V |
> | Hachamaim | H |
>
> En otros términos, el mundo de la materia comprende la mitad del Nombre divino, y el del shabat, el mundo del espíritu, comprende la otra mitad. No se puede mostrar mejor la continuidad profunda que existe entre la materia y el espíritu, a qué punto es el séptimo Día lo que realmente corona el conjunto de la Creación.
>
> Josy Eisenberg

Materia y Espíritu están unidos en la Vida por el único Viviente vivificante, el Señor IHVH, por la energía increada de su Espíritu Santo. La novia shabat indica fuertemente que el amor, inseparablemente divino y humano, el amor durable en que los esposos se toman el tiempo de escuchar y de cantar a su Señor, puede dar sentido a los seis días dedicados a la economía política del mundo.

Creación e Historia

El Día séptimo es único y sin igual, porque está consagrado, impregnado de la santidad del "Dios que es santo y no tiene igual" (Liturgia del comienzo del Shabat, el viernes a la tarde). Es un Día único y sin igual como el esposo y la esposa son únicos y sin igual. Esto marca ya, con Noé, la Alianza entre Dios y todos los vivientes, creación única y sin igual en medio de otras criaturas. Esto anuncia la Alianza entre Dios y hombres voluntarios, Abraham e Israel, hombre y pueblo sin igual entre los otros hombres y pueblos, porque responden libremente a un llamado de Dios: el de ser sus testigos en medio de los hombres y de las naciones, el testigo de Dios en su relación con los hombres. Esto es de extrema importancia para nosotros, cristianos, que corremos el mismo riesgo de los judíos modernos: asimilarnos totalmente al mundo ambiente y perder nuestra originalidad, justamente eso que los hombres necesitan y esperan, nuestra diferencia.

Esto queda subrayado por dos detalles gramaticales inscriptos al final de nuestro texto. Primero esta expresión extraña: *Dios consagra el séptimo Día, pues en él cesa toda su obra:* **la que Dios crea para hacer.** Sólo la exégesis judía explica que *para hacer* significa *para que el mundo sea llevado a su perfección plena y por venir.* Se trata pues de una apertura sobre la historia, sobre las diversas propuestas del Señor y las respuestas del hombre, en las Alianzas. La teología judía distingue el mundo del *crear*, que concierne a Dios, y el mundo del *hacer*, que concierne más al hombre. Dios deja vacío este último mundo, lo deja libre para la obra del hombre y su historia. Evidentemente, los dos mundos están unidos, pues nuestra historia humana se inscribe y se construye sobre esta creación, y no otra; y esta creación primera, creada por un acto eterno de Dios, permanece presente en cada una de nuestras semanas. El Día séptimo es, entonces, el Día del *no-hacer*, ligado a los días del *hacer* de la semana laboriosa. Y Dios *reposa* las energías de su Espíritu en este Día, este tiempo nuevo, principio de renovación de la creación, de la Nueva Génesis. Por eso, el séptimo Día nos permite vivir ya la vida del mundo venidero, del mundo mesiánico de la nueva creación; nos permite gustar anticipadamente del mundo venidero, nos da una profecía eficaz del Reino. Los musulmanes adoptaron el viernes como Día sagrado. Los cristianos, conservando el sábado como día litúrgico diferente, eligieron el domingo como Día sagrado, por ser el Día sagrado de la Luz, día de la Resurrección en la Gloria de Jesucristo.

El hombre es dueño del shabat y no a la inversa, dice Jesús (Mt 12, 8), siguiendo así a numerosos sabios y maestros judíos. En esto se percibe la importancia humana del séptimo Día. El libro de Abraham Heschel, *El Shabat*, consagrado a la eficacia original del shabat, podría inspirarnos en esta conversión urgente de nuestra manera de vivir, que haría del séptimo Día el día del Señor y del hombre. Pasar del trabajo forzado a otro trabajo remunerado o a distracciones distribuidas y condicionadas, nos hace aun más esclavos del *hacer*. El *no hacer* sugerido por el shabat es *hacer algo diferente*, un hacer gratuito, un hacer "cambiar la vida", colaborando con *Dios que crea para hacer*, en la plenitud de la creación.

El tema del reposo vendrá a injertarse en el Día del no hacer, del cesar; será nuestro reposo en el Reposo y la Paz de Dios, será reposarnos entre las manos creadoras, en su Luz de Vida, en la comunión con nuestros hermanos. Este tema del reposo es el de la Tierra siempre Prometida, tierra que debemos cultivar de día en día, pero de la que sólo el séptimo Día nos da el tiempo y la idea, el recuerdo y la promesa, y desde ahora el perfume.

De nuevo Dios definió cierto día: Hoy.
Por David, dijo: Hoy, si escucháis su voz, no endurezcáis
vuestro corazón.
Si Josué les hubiera dado un reposo, ya no hablaría
después de otro Día.
Por lo tanto, el reposo del shabat está reservado al
pueblo de Dios.
El que entra en su reposo, reposa también de sus obras,
como lo hizo Dios.
Apresurémonos pues a entrar en este reposo, para que
nadie caiga en la misma rebelión.
Pues la Palabra de Dios es viviente, enérgica, más se-
paradora que la espada de dos filos:
Ella penetra hasta distinguir el alma y el espíritu,
juzga los designios y las intenciones del corazón.

Hb 4, 7-13

Guardaréis mis shabat, es un signo entre Yo y vosotros
de edad en edad,
para conocer que Yo, el Señor, os consagro.
Guardad el shabat, pues es consagrado para vosotros...
Seis días se obrará, y el séptimo Día es shabat,
en que se cesa [de obrar], consagrado al Señor...
Los hijos de Israel guardarán el shabat de edad en edad
para hacer del shabat una Alianza perpetua.
Entre Yo y ellos, es un signo perpetuo.
Sí, seis Días el Señor hace cielos y tierra,
y el séptimo cesa y toma aliento.

Ex 31, 13-17

Hemos trocado la santidad por la utilidad, la lealtad por el éxito, la sabiduría por la información, las plegarias por discursos, la tradición por la moda... El judaísmo no es una cualidad del alma, sino una vida espiritual. El alma nos fue dada a nuestro nacimiento; pero el espíritu, debemos adquirirlo. El judaísmo es la huella de Dios en la selva virgen del olvido... La civilización es la conquista del espacio por el hombre. Es un triunfo al cual no se llega sin perder, a menudo, una de las consecuencias esenciales de la existencia: el tiempo. En la civilización técnica, despilfarramos el tiempo para ganar el espacio... Y el tiempo es el corazón de la existencia... Allí, la meta no es *tener*, sino *ser*; no es poseer, sino dar; no es reinar, sino compartir; no es vencer, sino adherir. El judaísmo es una religión del tiempo que tiende a la santificación del tiempo... No hay dos horas semejantes; cada hora es única e infinitamente preciosa... El shabat es nuestra catedral, y nuestro Santo de los Santos es un santuario que no pudieron destruir ni los romanos ni los germanos, un santuario que ni siquiera la apostasía podría profanar: es el Día del Kipur, el Gran Perdón... Es el Día en sí mismo, "la esencia del Día" que, con el arrepentimiento del hombre, expía los pecados del hombre... ¿Cuál es el primer objeto santo en la historia del mundo? ¿Una montaña? ¿Un altar? Es en verdad en una ocasión única que el término tan notable de *qadosh, santo,* es empleado por primera vez: en el Libro del Génesis, al final del relato de la creación. *Y Dios bendice el séptimo Día, y lo consagra,* lo "hace santo". En los Diez Mandamientos, la palabra *santo* es empleada con respecto al *shabat*... En el Sinaí, se lanzó al hombre un llamado: *Seréis para Mí un pueblo santo* (Ex 19, 6).

Pero sólo cuando el pueblo sucumbió a la tentación de servir a un objeto, un becerro de oro, recibió la orden de edificar un Tabernáculo: la santidad del tiempo viene primero, luego la santidad del hombre, sólo al final la santidad del espacio. El tiempo fue consagrado por Dios; el espacio, el Tabernáculo, fue consagrado por Moisés (Nm 7,1). Vivir el séptimo Día es un arte; es el arte de pintar sobre la tela del tiempo la misteriosa grandeza de la creación en su apogeo. El amor del shabat es el amor del hombre por lo que Dios y el hombre poseen en común... El trabajo sin dignidad engendra la miseria; el reposo sin espiritualidad es fuente de depravación... El pueblo de Roma reclamaba con insistencia pan y circo. ¿Quién podrá enseñarle a reclamar con la misma insistencia el espíritu de un día en favor de la humanidad? Guardar el séptimo Día, es celebrar la creación del mundo y crear todo nuevo... el día de reposo y de libertad, señor y rey por encima de los otros días... Según el Zohar, shabat es un Nombre del Santo, Bendito sea... Estamos en el interior del shabat, más que lo que el shabat está en nosotros. El shabat nos baña como un manantial que mana sobre la tierra... Es el momento en que se despierta el espíritu que dormía en nuestras almas. El shabat es un estado de espíritu, una forma de vida, una manera de actuar en el mundo del espíritu... Los seis días necesitan el espacio; el séptimo Día necesita al hombre.

Abraham Heschel

Hay un segundo detalle gramatical inscripto al final de nuestro texto, su última palabra, que corresponde a la primera:

Éstas son las Generaciones
de los cielos y de la tierra en su creación, BEhiBARAM.

Esta última palabra establece el nexo entre la creación acabada y el día de la historia que viene a continuación. André Néher es uno de los raros exégetas que lo nota:

Plantado en el mástil de esta cima, la palabra *behibaram* es como una repetición, hasta un retoque, de la

> palabra *bereshit* por la cual todo había comenzado.
> El secreto del acto creador, revelado por *bereshit* –es
> *por medio de un reshit,* de un iniciador, que Dios creó
> el mundo– está aquí corregido, en el sentido en que el
> óptico entiende este término, por otro secreto: *behi-*
> *baram.* Es *por medio de hibaran* que el mundo creado
> por Dios posee una historia.

Nehér hace notar entonces que *hibaram* es un anagrama de *Abraham,* pues las mismas cinco letras hebraicas están dispuestas en otro orden; pero lo más notable es que la letra *he* debe tener aquí una caligrafía minúscula, según lo que ha fijado la masora[7]. Es esta letra *he* la que Dios agregó al nombre de *Abram* cuando le hizo hacer la mutación que es la vocación a la Alianza: *Abraham.* "Esta inopinada introducción del *he* minúsculo hace estallar las dimensiones del mundo. Pasando de *Abram* a *Abraham,* el universo entero da un salto: el salto del Ser al Devenir. La creación es ahora Historia" (André Néher).

Éstas son las Generaciones de los cielos y de la tierra en su creación, es decir, *en Abraham.* La historia es sólo el juego, jugado más o menos conscientemente por el hombre, el juego de la creación en perpetua génesis, a través de *estas generaciones de los cielos y de la tierra* acabados, seguidas de decenas y centenas de otras *generaciones* a través de las edades. Esta palabra, *generaciones,* significa tanto génesis como historia, según las diversas traducciones de la Biblia, pero la palabra hebrea *toldot* proviene del verbo empleado para decir *engendrar, dar a luz.* El Génesis mismo citará las nueve *toldot* de los patriarcas que siguen a las *toldot* de los cielos y de la tierra, a tal punto creación e historia están imbricadas en la misma génesis.

---

7. Lit. *transcripción, tradición.* Conjunto de signos (vocales, acentos, signos diacríticos, etc) introducidos en los manuscritos medievales del texto hebreo del Primer Testamento para conservar su genuina lectura e inteligencia. Los escribas masoretas se dividen en dos escuelas, de Tiberíades y de Babilonia, y su labor se extiende de mediados del siglo VIII al año 1000 d. C, aproximadamente.

Así, el hacer del hombre y su historia se cumplen gracias a la plenitud del séptimo Día, plenitud que desborda sobre los seis Días trabajadores. Es la eficacia de la esperanza, energía divina y humana que nos lanza hacia el mundo que viene, hacia la creación que por el hombre se renueva en bien como en mal, hasta su plenitud en la Nueva Creación, el Reino. Es ésta la historia que a partir de ahora cuenta el Libro del Génesis, revelándonos las tres primeras propuestas hechas por Dios al hombre en la perspectiva del Reino de Dios sobre la tierra, y las respuestas positivas y negativas por las cuales el hombre se dispone a recibir y a realizar estas propuestas de las que dispone.

Hijos e Hijas del Día Séptimo

Los hijos e hijas del séptimo Día no existen aun de manera visible en nuestra tierra. Existen sólo peregrinos, buscadores, amantes del séptimo Día, precursores del octavo Día por venir, en el Reino en que todo será noveno y nuevo. Ellos son los más fieles de entre los fieles y verdaderos cristianos, judíos y musulmanes, y de entre los buscadores de Verdad. Atentos, centinelas enamorados de la aurora, peregrinos y memoria profética de ESO que viene. "Vírgenes", "pobres" y "sumisos" a la libre obediencia, a la desnudez clara, al inmediato amor de AQUÉL que viene. Hombres y mujeres de infinita paciencia, que han pasado más allá de toda barrera y por eso tan simplemente presentes, a la escucha de la música original, del canto de gracias universal: gozo sin sombra, éxtasis sin gesto, canto sin palabra, fusión sin confusión, matiz sin distancia, amor sin límite, presencia real de la Persona. Sí, comunión en común en el Único de los únicos.

Ellos encantan los seres, las horas y los lugares desencantados, gracias a la voz valiente y contagiosa del niño, del pastor o del poeta, del peregrino y del amigo, del místico y de los muertos, tan vivientes apenas han franqueado la última puerta. ¡Ah! ¡Gozo triple que abre diez mil puertas! ¡Gozo del músico de los bosques de Vida, el Espíritu! ¡Gozo del Arquitecto de los jardines de Amor, el Verbo, el Mesías! ¡Gozo del zahorí de la Viña eterna, el Padre! Los Tres, presentes en la Madre, la Sabiduría artesana en el principio de la creación, la Mujer prometida, la Comunidad venidera. Los Tres magnifican en ella a la nueva Eva, Myriam de Cana y Myriam de Magdala, la Mujer despierta que vela de noche en medio del Jardín, a la sombra del Árbol de la Cruz. Ellos Tres la magnifican por el Cantar de los Cantares, magnifican a la Bienamada y la convocan a crecer hasta las dimensiones de la Jerusalén Nueva, la Comunidad que existirá en la medida exacta en que sea para **nosotros** la Bien Amada.

> *Cantad al Señor, anunciad su salvación*
> *de Día en Día.*
>
> Sal 96,2

> *Ese Día, Aguas vivas saldrán de Jerusalén,*
> *y el Señor será Rey por toda la tierra.*
>
> Za 14, 8-9

> *Ese Día, el Germen del Señor resplandecerá*
> *y el Fruto de la Tierra dará gloria a Israel.*
>
> Is 4, 2

> *Ese Día, la Luz del Sol será septuplicada,*
> *como la Luz de los Siete Días.*
>
> Is 30, 26

> *Entonces el lobo vivirá con el cordero, el tigre con el ca-*
> *brito; ternero, león, carnero, vaca y osa estarán juntos,*
> *y el Niño jugará en el agujero de la cobra.*
>
> Is 11, 6-8

> *Ese Día ya no habrá comerciantes*
> *en el Templo del Señor Sabaoth.*
>
> Za 14,21

La Gloria del Señor sea eternamente,
el Señor Se regocija en sus obras.
Cantaré al Señor mientras viva,
tañeré salmos a mi Dios toda mi vida.
¡Bendice, alma mía, al Señor! ¡Hallelu-Yah!

 Salmo cósmico 104, 31-35

Todo eso, sí, todo eso es posible en cada día de cada semana de nuestra vida. Porque, a cada instante de los días y de la noche, lo sepamos y queramos o no, somos creados por el Creador, en su Imagen y para su Semejanza. Y somos creados creadores.

A través de nuestra red de herencia, sus sombras y sus luces, Él, el Dios viviente, sin padre ni madre ni sombra de herencia, no cesa de crearnos por la Palabra de su Verbo Verdadero, en el Soplo de su Espíritu Santo, a partir de su mirada bien amante de Padre. Padre-Madre que derrama todo su Gozo y su Gloria en la vida y la gloria de sus hijos e hijas.

Volvamos a la Presencia de la Santa Trinidad,
que sin cesar nos crea.

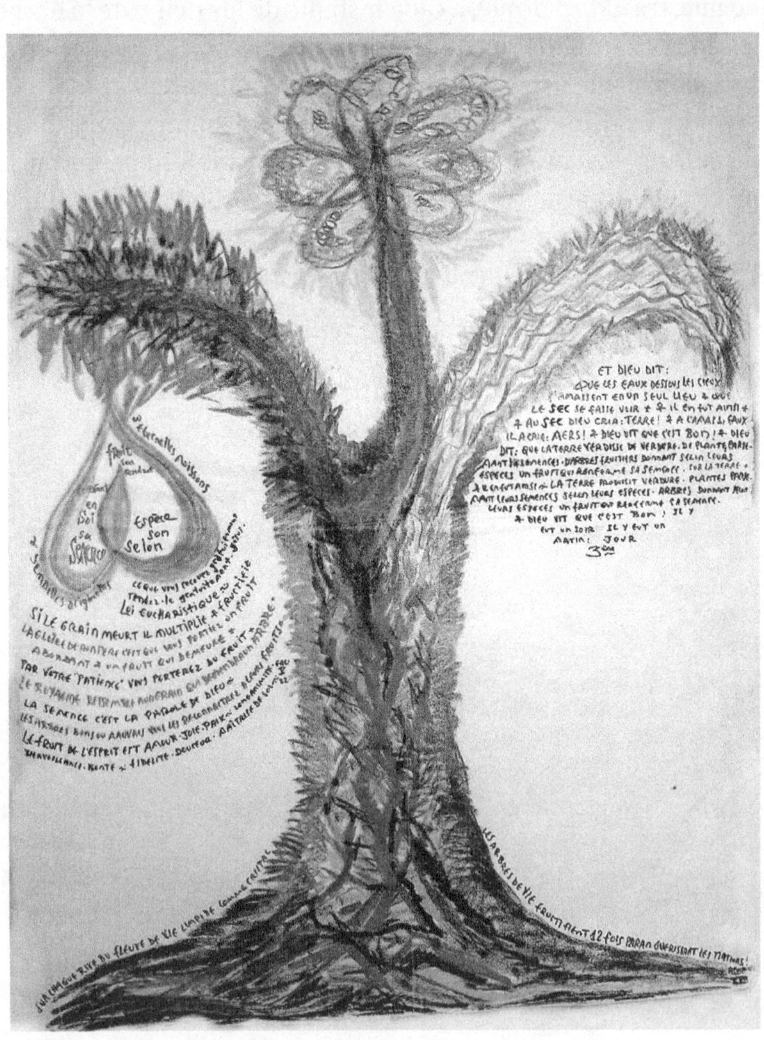

ET DIEU DIT:
QUE LES EAUX DESSOUS LES CIEUX
S'AMASSENT EN UN SEUL LIEU & QUE
LE SEC SE FASSE VOIR + & IL EN FUT AINSI +
+ AU SEC DIEU CRIA: TERRE! & A L'AMAS, EAUX
IL CRIA: MERS! & DIEU DIT QUE C'EST BON! & DIEU
DIT: QUE LA TERRE VERDISSE DE VERDURE. DE PLANTE PORTE-
ANT LEUR SEMENCES. D'ARBRES FRUITIERS DONNANT SELON LEURS
ESPECES UN FRUIT QUI RENFERME SA SEMENCE. SUR LA TERRE +
& IL EN FUT AINSI & LA TERRE PRODUISIT VERDURE. PLANTES POR-
TANT LEURS SEMENCES SELON LEURS ESPECES. ARBRES DONNANT SELON
LEURS ESPECES UN FRUIT QUI RENFERME SA SEMENCE.
& DIEU DIT QUE C'EST BON! IL Y
EUT UN SOIR IL Y EUT UN
MATIN: JOUR
3ème

+ éternelles moissons
fruit son porteur
semence en soi sa SEMENCE
+ semences originelles
Espère son Selon
CE QUE VOUS RECEVEZ GRATUITEMENT
TENDEZ-LE GRATUITEMENT SOIT.
Lei eucharistique + fructifie
SI LE GRAIN MEURT IL MULTIPLIE + FRUCTIFIE
LA GLOIRE DE MON PERE C'EST QUE VOUS PORTIEZ UN FRUIT
ABONDANT & UN FRUIT QUI DEMEURE +
PAR VOTRE "PATIENCE" VOUS PORTEREZ DU FRUIT
LE ROYAUME RESSEMBLE AU GRAIN QUI DEVIENT GRAND ARBRE
LA SEMENCE C'EST LA PAROLE DE DIEU
LES ARBRES BONS OU MAUVAIS ON LES RECONNAITRA A LEURS FRUITS
LE FRUIT DE L'ESPRIT EST AMOUR. JOIE. PAIX. LONGANIMITÉ.
BIENVEILLANCE. BONTÉ + FIDELITE. DOUCEUR. MAITRISE DE SOI.

SUR CHAQUE RIVE DU FLEUVE DE VIE LIMPIDE COMME CRISTAL
LES ARBRES DE VIE FRUCTIFIENT 12 FOIS PAR AN GUERISSENT LES NATIONS!

BIBLIOGRAFÍA
SUMARIA

BACHERLAD, Gaston. *La terre et le rêveries du repos.* Paris: José Corti, 1965.

——————. *La terre et le rêveries de la volonté.* Paris: José Corti, 1948.

——————. *La llama de una vela.* Caracas: Monte Ávila, 1975.

BARTH, Karl. *Dogmatique*, Vol. III: *La Doctrine de la création.* Genève: Labor et Fides, 1960.

BASILE DE CÉSARÉE. *Homélies sur l'Hexaéméron.* Stanislas Giet, ed. Paris: Cerf, 1949. (Sources Chrétiennes)

BEAUCHAMP, Paul. *Création et séparation: étude exégétique du chapitre premier de la Genèse.* Paris: Aubier-Montaigne, 1970.

BEIRNAERT, Louis. *Symbolisme mythique de l'eau dans le baptême.* En : *Valeur permanente du Symbolisme. La Maison-Dieu.* Paris: Cerf, 1950, Nº 22.

BERNANOS, Georges. *Journal d'un curé de campagne.* Paris: Plon, 1936.

——————. *La Joie.* Paris: Plon, 1929.

BOURBON BUSSET, Jacques de. *L'amour durable.* Paris: Gallimard, 1969

BUBER, Martin. *Le chemin de l'homme.* Paris: du Rocher, 1995.

CHOURAQUI, André. *L'Univers de la Bible.* Paris: Lidis, 1985. 10 v.

CYRIL DE JERUSALEM, Saint. *Catéchèse baptismales et mystagogiques.* Traduites de présentées par Jo. Bouver. Namur: Le Soleil levant, 1962.

DANIÉLOU, Jean. *Les symboles chrétiens primitifs.* Paris: Seuil, 1961.

——————. *Théologie du Judéo-christianisme.* Bruges-Paris: Desclée de Brouwer, 1958.

DENYS L'ARÉOPAGITE. *Œuvres complètes du Pseudo-Denys l'Aréopagite.* Traduction, préface et notes de Maurice de Gandillac. Paris: Aubier, 1943.

EISENBERG, Josy; ABÉCASSIS, Armand. *A Bible ouverte*. Paris: Albin Michel, 1978-. Varios volúmenes.

GOETTMANN, Jacques. *Tobie: Livre des fiancés et des pèlerins*. Bruges: Desclée de Brouwer, 1966.

HESCHEL, Abraham. *Dieu en quête de l'homme.* Paris: Seuil, 1968.

——————. *Les bâtisseurs du temps*. Paris: Minuit, 1957. Hay traducción castellana bajo el título: *El Shabat*.

IRÉNÉE DE LYON, Saint. *Contre les Hérésies. Livre III.* F. Sagnard, ed. Paris : Cerf ; Lyon: Emmanuel Vitte, 1952. (Sources Chrétiennes).

JACQUES DE SARUG. *Homélies sur l'Hexaméron.* Trad. T. Hansma. En: *L'Orient Syrien,* Vol. IV, Fasc. I, 1959, p. 1-42.

JEAN DE ST. DENIS, Mñor. *La Genèse.* Paris: Présence Orthodoxe, 1971.

JIMÉNEZ, Juan Ramón. *Antolojía poética.* Buenos Aires : Losada, 1965.

JUAN DE LA CRUZ, San. *Vida y Obras de San Juan de la Cruz.* Crisógono de Jesús, Lucinio del SS. Sacramento, Matías del Niño Jesús, eds. Madrid: católica, 1955. (Biblioteca de Autores Critianos).

LANZA DEL VASTO. *La Montée des âmes vivantes (Commentaire de la Genèse).* Paris : Denoël, 1968.

——————. *Principes et préceptes du retour à l'évidence.* Paris: Denoël, 1945.

——————. *Vinoba ou le nouveau pèlerinage.* Paris: Denoël, 1954.

LÉON-DUFOUR, Xavier. *Vocabulaire de Théologie Biblique.* Paris: Cerf, 1962.

LE ZOHAR. Traduction, annotation et avant-propos par Charles Mopsik. Lagrasse: Verdier, 1981.

LUBAC, Henri de. *Histoire et Esprit.* Paris: Aubier, 1950.

NÉHER, André: *L´Exil de la Parole.* Paris: Seuil, 1970.

ORIGÈNE. *Homélies sur la Genèse.* Paris: Cerf; Lyon: L'Abeille, 1943. (Sources Chrétiennes)

RACHI. *Le Pentateuque.* Sous la direction de M. le Rabbin Elie Munk. Paris: Odette S. Levy, 1964.

RILKE, Rainer Maria. *Lettres à un jeune poète.* Paris: Grasset, 1956.

Made in the USA
Monee, IL
07 July 2026

56547993R00094